「社会教育」を考える

～今こそ、「社会教育」の再構築を！～

髙尾　展明

目　次

「社会教育」を考える
～今こそ、「社会教育」の再構築を！～

は　じ　め　に

　「社会教育」という言葉があります。「社会教育」について言葉も含めて知らない、あるいは理解していない人は多いかと思います。日常生活においても、テレビ、新聞、雑誌等のメディアにおいても、小学校、中学校、高等学校、大学等の学校教育についてのニュース、記事は目にしますが、「社会教育」という言葉を関係者以外は、聞くことも見ることもほぼありません。また住んでいる地域においても「社会教育」という言葉はほぼ見られません。したがって現在は「社会教育」という言葉は目にすることも使われることもなく、用語そのものが馴染みのないのものとなっています。

　「社会教育」については昭和21年（1946年）の日本国憲法の公布に基づき、翌年の昭和22年（1947年）に教育の憲法と言われている教育基本法（旧）が公布され、その中で「社会教育」についても条文で定められました。そして教育基本法の精神にのっとり、昭和24年（1949年）に社会教育法が公布されました。更に社会教育法で規定されている社会教育施設である図書館についての図書館法（昭和25年）、博物館についての博物館法（昭和26年）が公布されました。

　以上の社会教育関係法の整備により、文部省（現文部科学省）は内部部局の体制を整え、公民館等の社会教育施設の整備、社会教育主事等の社会指導者の養成、社会通信教育・視聴覚教育の促進、社会教育関係団体の育成などを社会教育行政として振興してきました。

　つまり国・地方公共団体は社会教育行政において、社会教育の基盤整備、社会教育活動の充実振興を行ってきましたが、それではな

ぜ現在、「社会教育」は馴染みのない、聞くことのない言葉になっているのでしょうか。

　国は教育基本法（旧教育基本法においても）に基づき、家庭教育・学校教育・社会教育を、教育を担う三主体として位置づけ、教育政策を振興してきました。そして「生涯学習社会への移行」を目指す教育政策において、家庭教育・学校教育・社会教育の三主体の重要性が更に高まりました。

　しかし現在の状況は家庭・地域社会の教育力の低下、学校への過度の期待と負担があり、その結果、子どもを取り巻く環境はいじめ・不登校・貧困・児童虐待・自殺などの深刻な問題・課題が山積しています。また大人の社会における人間関係の希薄化、地域社会の活力の低下、大人の規範意識の低下などの問題・課題もあります。

　「社会教育」については、生涯学習体系を推進して、構築していくためには「社会教育」の役割が重要であると、審議会の答申等で何度も言われてきました。また教育基本法で定められた「教育振興基本計画」においても、その重要性と役割が示されてきましたが、その成果が、なかなか表れていない状況です。むしろ後退しているのではないかと思われる状況かと考えます。

　そのため本書においては、現在、国及び地方公共団体の社会教育行政への取り組みがどのようになっているのか、関係法令でどのように規定されているのか、過去の審議会の答申等でどのように述べられてきたか、などを明らかにして、「社会教育」の現状を知り、その役割と必要性を考える端緒になればと考えています。

　また、現在、社会教育だけではなく、家庭教育・学校教育においても多くの問題・課題を抱えています。これらの問題・課題を踏まえて、社会教育を再構築することにより、社会教育が家庭教育、学校教育と連携・協力あるいは協働して問題・課題に対応していくことが必要ではないかと考えました。

　今一度、「社会教育」の意義と目的等を踏まえて、その再構築の必要性について考えてみたいと思います。

I 「社会教育」はどこにあるのか？

1. 「学校・家庭・地域」という言葉

　我が国の教育を担う三主体として「学校・家庭・地域」という言葉があります。子どもの成長過程という観点から言えば「家庭・学校・地域」という順番がわかりやすいかと思いますが、順番はともかくとして、「学校・家庭・地域」という言葉は、教育ということで考えれば、「学校」は学校内で行われる「学校教育」、「家庭」は家庭内で行われる「家庭教育」、「地域」は地域社会で行われる教育、つまり社会において行われる教育である「社会教育」になります。

　したがって我が国の教育政策は「学校・家庭・地域」という言葉通り、学校教育・家庭教育・社会教育の三主体がそれぞれの教育機能の役割と責任を果たし、連携・協力して教育を振興していくことを基本としているということになります。

　確かに子どもたちが健やかに成長していくためには、教育の原点である親または保護者などによる家庭での教育が必要であり、成長に応じて、学校教育法で定められている、幼稚園、小学校、中学校、高等学校、特別支援学校、高等専門学校及び大学などの学校での教育が必要になります。

　また人々が地域社会で生活の課題、地域の課題、社会の課題を含めて、広く子どもから大人まで、より多くの人が学び、全ての人が心身ともに健康で豊かな人生を歩み、地域社会の教育力を高め、地域づくりをしていくことを目的とした社会で行われる社会教育も必要であると考えます。

　「社会教育」の概念を明確するためには、学校、家庭において行

われる教育を除き、広く社会で行われる教育が「社会教育」であると考えれば、「学校・家庭・地域」の言葉をまず**「学校・家庭・社会」**とすること、あるいは**「学校・家庭・地域社会」**として、より多くの人に「社会教育」を理解していただくことが第一歩と考えます。

　「社会教育」の定義と意義をわかりやすくするためには使用する言葉は大事なことです。そして今一度「社会教育」についての定義と意義、そして目的を明確にするとともに、現状の教育についての問題・課題を明らかにして、社会教育が家庭教育・学校教育と連携・協力して、その役割と責任を果たしていくことが必要であると考えます。

　それでは最初に多くの人が知らない、また理解されていない「社会教育」の概念と根拠を知るための関係法令について明らかにしていきます。ただし「社会教育」の対象範囲が広いため、ここでは「社会教育」をより理解するために必要な主な関係法令の内容についてみていきます。

【学校教育】
　学校教育については、教育基本法の第6条において、「法律に定める学校は、公の性質を有するものであって、国、地方公共団体及び法律に定める法人のみが、これを設置することができる。」としており、同条の2項に「前項の学校においては、教育の目標が達成されるよう、教育を受ける者の心身の発達に応じて、体系的な教育が組織的に行われなければならない。この場合において、教育を受ける者が、学校生活を営む上で必要な規律を重んじるとともに、自ら進んで学習に取り組む意欲を高めることを重視して行われなければならない。」と規定しています。整理すると学校教育は、公の性質を有した学校において、教育を受ける者の心身の発達に応じて、体系的な教育を組織的に行うことであると言えます。
　そして学校とは、国、地方公共団体及び法律に定める法人が設置した、幼稚園、小学校、中学校、義務教育学校、高等学校、中等教育学校、特別支援学校、大学及び高等専門学校であると学校教育法第1条で規定されています。

ちなみに専修学校、各種学校は上記以外の教育施設として、学校教育法で規定されています。

　社会教育との関係（施設の利用）については第137条に定められています。

　なお、社会教育法の第44条（学校施設の利用）にも同様の内容が定められています。

2. 法令からの「社会教育」について

　「社会教育」を理解するために、ここでは主な法律である「**日本国憲法**」、「**教育基本法**」、「**社会教育法**」についてみていきます。

○日本国憲法（昭和21年11月3日公布・昭和22年5月3日施行）

　我が国の法体系の最高法規（第98条に規定）である日本国憲法の条文の中には「社会教育」について定めた条文はありませんが、教育についての基本的な条文があります。社会教育にも適用される条文ですので最初にみていきます。

・**第26条　すべて国民は、法律の定めるところにより、その能力に応じて、ひとしく教育を受ける権利を有する。**

　　② **すべて国民は、法律の定めるところにより、その保護する子女に普通教育を受けさせる義務を負ふ。義務教育は、これを無償とする。**

　この条文には三つのことが書かれています。

　それは①**教育を受ける権利**、

　2項には②**教育を受けさせる義務**、

　③**義務教育の無償**です。

　1項の教育を受ける権利は「社会教育」を理解する上で、最も基本的な条文であると考えます。つまり子どもから大人までの国民に

は学ぶ権利があるということです。そして国は、その権利を保障することを法令で措置することになっています。

　本筋から外れますが、2項の教育を受けさせる義務というのは子どもの保護者と国が負う義務です。更に授業料を免除とする義務教育の無償が書かれています。

　ここで「普通教育」という用語がありますが、普通教育の意義と目的については**教育基本法**（義務教育）第5条の2項に「義務教育として行われる普通教育は、**各個人の有する能力を伸ばしつつ社会において自立的に生きる基礎を培い、また、国家及び社会の形成者として必要とされる基本的な資質を養うことを目的として行われる**ものとする。」となっています。

　ここでは義務教育における普通教育について書かれていますが、最近では幼児教育の「非認知能力」（意欲・向上心・自制心・忍耐力・共感性・協調性などの能力）についての必要性が高まってきています。

　また民法の改正により令和4年（2022年）4月1日から成年年齢が20歳から18歳になりました。人間の発達に必要な能力の育成が乳幼児から益々必要になっています。

　これらの課題に対応していくためには家庭教育はもちろんですが、学校教育及び社会教育の役割と責任が強く求められています。

○　**教育基本法（平成18年12月22日公布・施行）**

　旧教育基本法は昭和22年（1947年）に制定されましたが、平成18年（2006年）に全面改正されました。改正への経緯は平成12年（2000年）12月に教育改革国民会議の「教育改革国民会議報告—教育を変える17の提案」から議論が始まり、平成15年（2003年）3月の中教審答申を経て、国会の法案審議により、平成18年（2006年）12月15日に参議院本会議で可決・成立して、同年の12月22日に公布・施行されました。

　全面改正となっていますが、その前文には「憲法の精神にのっと

り」となっており、「個人の尊厳」、「人格の完成」、「平和的な国家、社会の形成」といった旧教育基本法の理念は継続されています。

改正された教育基本法では旧法の男女共学に関する規定（旧５条）が削除され、新たに生涯学習（３条）、大学（７条）、私立学校（８条）、教員（９条）、家庭教育（10条）、幼児教育（11条）、学校・家庭・地域社会の連携（13条）、教育振興基本計画（17条）に関する規定が設けられました。

「社会教育」を考え、理解する前提として、最初に我が国の教育の理念とその方向性を定めた指針、基本的な立場などを示している前文及び教育の目的、目標を定めた条文をみていきます。

・（前文）

我々日本国民は、たゆまぬ努力によって築いてきた民主的で文化的な国家を更に発展させるとともに、世界の平和と人類の福祉の向上に貢献することを願うものである。

我々は、この理想を実現するため、個人の尊厳を重んじ、真理と正義を希求し、公共の精神を尊び、豊かな人間性と創造性を備えた人間の育成を期するとともに、伝統を継承し、新しい文化の創造を目指す教育を推進する。

ここに、我々は、日本国憲法の精神にのっとり、我が国の未来を切り拓く教育の基本を確立し、その振興を図るため、この法律を制定する。

前文はその法律の趣旨、理念、目的などを明白にした文章です。したがって、この前文を踏まえて各条文が定められています。

前文の内容を理解する上で重要な点は、まずこの法律が「日本国憲法の精神にのっとり」制定されていることです。教育基本法が「教育の憲法」と言われていることがわかります。

次に理想として「民主的で文化的な国家を更に発展」させること、「世界の平和と人類の福祉の向上に貢献」することをあげています。

　そして理想を実現するために「個人の尊厳」を重んじること、「真理と正義を希求し、公共の精神を尊び、豊かな人間性と創造性を備えた人間の育成」を期すること、「伝統を継承し、新しい文化の創造を目指す」教育を推進するということを明らかにしています。

・（教育の目的）第1条
　　教育は人格の完成を目指し、平和で民主的な国家及び社会の形成者として必要な資質を備えた心身ともに健康な国民の育成を期して行わなければならない。

　この条文は短い文章になっていますが、最も重要なことが書かれています。
　それは教育の目的を引き続き「**教育は人格の完成を目指す**」としていることです。
　昭和22年（1947年）に教育基本法を制定する時に法律の基本理念を表した言葉であり、憲法の精神にのっとり普遍的なものとしています。
　それでは「人格の完成とは何か」という疑問が生じます。そのため当時の文部省（現文部科学省）は「教育基本法制定の要旨」（昭和22年5月3日文部省訓令）の中で「**人格の完成とは、個人の価値と尊厳との認識に基き、人間の具えるあらゆる能力を、できる限り、しかも調和的に発展せしめることである。**」としています。

・（教育の目標）第2条
　　教育は、その目的を実現するため、学問の自由を尊重しつつ、次に掲げる目標を達成するよう行われるものとする。
　　1　幅広い知識と教養を身に付け、真理を求める態度を養い、豊かな情操と道徳心を培うとともに、健やかな身体を養うこと。
　　2　個人の価値を尊重して、その能力を伸ばし、創造性を培い、自主及び自律の精神を養うとともに、職業及び生活との関連を

重視し、勤労を重んずる態度を養うこと。

3　正義と責任、男女の平等、自他の敬愛と協力を重んずるとともに、公共の精神に基づき、主体的に社会の形成に参画し、その発展に寄与する態度を養うこと。

4　生命を尊び、自然を大切にし、環境の保全に寄与する態度を養うこと。

5　伝統と文化を尊重し、それらをはぐくんできた我が国と郷土を愛するとともに、他国を尊重し、国際社会の平和と発展に寄与する態度を養うこと。

この条文の内容は5項目にわかりやすく、簡潔に書かれています。また最初に「学問の自由を尊重しつつ」として憲法の精神にのっとったことを明示しています。

教育の目標の内容については平成15年（2003年）3月20日の中央教育審議会（以下、「中教審」）の「新しい時代にふさわしい教育基本法と教育振興基本計画の在り方について」の答申内容が反映されています。

重要なことは、5項目の内容は学校教育だけではなく家庭教育、社会教育などのすべての教育に及ぶことになっていることです。

・（社会教育）第12条
　個人の要望や社会の要請にこたえ、社会において行われる教育は、国及び地方公共団体によって奨励されなければならない。

2　国及び地方公共団体は、図書館、博物館、公民館その他の社会教育施設の設置、学校の施設の利用、学習の機会及び情報の提供その他の適当な方法によって社会教育の振興に努めなければならない。

旧教育基本法にも社会教育についての条文はありましたが、条文の内容がいくつか改正されています。

・旧法第 7 条（社会教育）

　　<u>家庭教育及び勤労の場所その他社会において行われる教育</u>は、国及び地方公共団体によって奨励されなければならない。

　2　国及び地方公共団体は、<u>図書館、博物館、公民館等の施設の設置、学校の施設の利用その他適当な方法によって教育の目的の実現</u>に努めなければならない。

　旧法では家庭教育の文言が入っていますが、家庭教育の教育主体はあくまでも家庭であり、社会教育の中に家庭の教育内容まで含まれるような誤解が生じるとともに、社会教育の概念が不明確になるという理由で「家庭教育」の言葉は削除されました。

　家庭教育については新たな条文が設けられ、より家庭教育について明確になりました。また「社会において行われる教育は国及び地方公共団体によって奨励されなければならない。」とし、社会教育施設の設置、学校施設の利用、学習の機会及び情報提供などを明示して、これらのことを「国及び地方公共団体が社会教育の振興に努めなければならない。」とし国と地方公共団体の役割と責任が規定されました。

・（家庭教育）第 10 条

　　父母その他の保護者は、子の教育について第一義的責任を有するものであって、生活のために必要な習慣を身に付けさせるとともに、自立心を育成し、心身の調和のとれた発達を図るよう努めるものとする。

　2　**国及び地方公共団体は、家庭教育の自主性を尊重しつつ、保護者に対する学習の機会及び情報の提供その他の家庭教育を支援するために必要な施策を講ずるよう努めなければならない。**

　ここでは「**教育の原点は家庭**」の基に、家庭教育が子どもの教育の基本であることを明示しました。そして親又は保護者が子の教育

について第一義的責任を有することが明確になっています。

　国及び地方公共団体の役割については**家庭教育を支援する**ための施策を講ずるよう努めることとなっています。

　次に改正法では生涯学習の理念として新たな条文が設けられました。「社会教育」との違いがわかる条文であり、今後益々社会教育の重要性と役割が求められる条文です。

【家庭教育】

　教育基本法における「家庭教育」についての条文は、本文に載せましたが、より家庭教育を理解するためには、生涯学習審議会の社会教育分科審議会の「家庭の教育力の充実等のための社会教育行政の体制整備について」の報告（平成12年11月28日）の中から重要な部分を載せます。

　この報告は（家庭の教育力の充実の重要性）として、「家庭は、子どもたちが最も身近に接する社会であり、家庭での教育は、基本的な生活習慣や生活能力、自制心や自立心、豊かな情操、他人に対する思いやり、善悪の判断などの基本的倫理観、社会的なマナーなどの基礎を子どもたちにはぐくむものであり、学校や地域社会での子どもたちの活動にも影響を与えるすべての教育の出発点である。」としています。その後の審議会、検討委員会の答申、報告等においても同様なことが述べられています。

　以前から家庭の教育力の低下が叫ばれていますが、文部科学省はじめ関係省庁は、その背景を都市化、核家族化、少子化、地域住民間の交流やつながりの希薄化などをあげています。

　子どもについて、いじめ、不登校、児童虐待、暴力行為など深刻な問題・課題が増大している状況です。最も重要な問題・課題は子どもの自殺の増加、子どもの貧困です。

　家庭の教育力を高めるために、国・地方公共団体・地域社会において、家庭教育への支援が必要になります。学校教育はもちろんですが、社会教育においても大きな役割と責任があります。社会を構成するすべの人が自覚して取り組むことが必要です。

・（生涯学習の理念）第3条
　　国民一人一人が、自己の人格を磨き、豊かな人生を送ることが

できるよう、その生涯にわたって、あらゆる機会に、あらゆる場所において学習することができ、その成果を適切に活かすことのできる社会の実現が図られなければならない。

　生涯学習という考え方は、昭和40年（1965年）にパリで開催されたユネスコの成人教育推進国際委員会で「生涯教育」という名で提唱されました。
　日本においても昭和46年（1971年）に社会教育審議会答申「急激な社会構造の変化に対処する社会教育のあり方について」の中において「生涯教育」についての必要性が提唱されています。その後平成2年（1990年）に「生涯学習の振興のための施策の推進体制等の整備に関する法律」が公布されました。
　「生涯学習」が「社会教育」と同様であるという間違いと誤解については後ほど整理します。
　次に改正法では我が国の教育の在り方と振興について、学校教育・家庭教育・社会教育の教育を担う3主体の役割と責任について新たに条文となったことをみていきます。

・（学校、家庭及び地域住民等の相互の連携協力）第13条
　学校、家庭及び地域住民その他の関係者は、教育におけるそれぞれの役割と責任を自覚するとともに、相互の連携及び協力に努めるものとする。

　この条文では学校教育・家庭教育・社会教育の教育におけるそれぞれの役割と責任と相互の連携協力の必要性について定められています。学校・家庭・地域の連携・協力の必要性については、平成8年（1996年）7月19日の中教審答申「21世紀を展望した我が国の教育の在り方について（第一次答申）」に述べられています。その上で、この条文は学校、家庭及び地域住民等のすべての人に教育におけるそれぞれの役割と責任を自覚することを求めています。

○ 社会教育法（昭和24年6月10日公布・施行）

　社会教育法は、昭和21年（1946年）の日本国憲法公布、昭和22年（1947年）の旧教育基本法、学校教育法の公布の2年後の昭和24年（1949年）6月10日に学校教育と並ぶ法律として公布されました。法律の内容は国民の教育を受ける権利及び教育の主体はあくまでも国民であるということを前提に、国・地方公共団体の責務について定められています。目的と定義については下記の通りです。

・（この法律の目的）第1条
　この法律は、教育基本法（平成18年法律第120号）の精神に則り、社会教育に関する国及び地方公共団体の任務を明らかにすることを目的とする。

・（社会教育の定義）第2条
　この法律において「社会教育」とは、学校教育法（昭和22年法律第26号）又は就学前の子どもに関する教育、保育等の総合的な提供の推進に関する法律（平成18年法律第77号）に基づき、学校の教育課程として行われる教育活動を除き、主として青少年及び成人に対して行われる組織的な教育活動（体育及びレクリエーションの活動を含む。）をいう。

　教育基本法は憲法の精神にのっとり制定されていますが、社会教育法はその教育基本法の精神にのっとり制定されています。
　第1条の目的には社会教育を振興するために、国と地方公共団体の任務を明らかにしています。
　社会教育行政としての国及び地方公共団体の任務の内容については第3条（国及び地方公共団体の任務）に、また国については第4条（国の地方公共団体に対する援助）において国から地方公共団体への援助について定められています。

　次に第2条においては社会教育の定義について定めています。内容について要約しますと

　①社会教育活動が学校教育活動を除き、広い範囲を社会教育活動の対象としていること、

　②すべての年齢を対象とした中で、主に青少年と成人を対象としていること、

　③教育活動が組織的である体育及びレクリエーション活動も含むこととなっています。

　社会教育法に規定されている図書館については、昭和25年（1950年）4月30日に図書館法が公布され、博物館については、昭和26年（1951年）12月1日に博物館法が公布されました。

　その他社会教育法には都道府県・市町村の教育委員会の社会教育に関する事務、社会教育主事、社会教育委員等の社会教育関係者の設置と役割、公民館の設置と内容、社会教育関係団体、学校施設の利用、通信教育について定められています。

【児童福祉法】　　　　　　　　　　　　　　　　（厚生労働省）

　「社会福祉六法」の一つである児童福祉法は、「社会福祉法」の制定以前の昭和22年（1947年）12月12日に公布された、児童（18歳に満たない者）の福祉を保障する児童福祉の基本法です。昭和22年は日本国憲法が施行され、教育基本法、学校教育法が公布された年です。

　法の内容は、全ての国民は、児童が心身ともに健やかに生まれかつ育成されるよう努めなければならないこと、国及び地方公共団体は、児童の保護者とともにその責任を負うことを理念とし、児童福祉審議会や児童福祉司、児童委員、児童相談所等について規定しており、事業（放課後児童健全育成事業等）、施設（児童厚生施設等）などについても定めています。

　関連する法令は「児童虐待の防止等に関する法律」（平成28年5月24日）、「子どもの貧困対策の推進に関する法律」（平成25年6月26日）、「子ども・子育て支援法」（平成24年8月22日）などがあります。

3. 法令があっても「社会教育」への理解が普及しない原因

　「社会教育」の根拠・関連法令として日本国憲法、教育基本法、社会教育法の内容についてみてきましたが、更に関連法令をあげれば社会教育法に基づいた社会教育施設である図書館法、博物館法があります。また「文部科学省設置法」、「地方教育行政の組織及び運営に関する法律」などがあります。それでも広く社会に「社会教育」について認知されていないというのが現状です。その理由はいくつか考えられます。

　最初に、社会で働く大人、子どもの育児に追われる保護者には日々の生活から上記の法令を読む機会はなく、また読む意識も意欲も希薄かと考えます。特に「夫婦共働き」、「ひとり親」家庭が増えた現状においては、時間的な余裕がない家庭が多い状況です。更に家庭及び学校における事件・事故についてはマスコミ等のメディアで報道、記事になることは毎日のようにありますが、それ以外に教育に関することを知る機会は少ないと思います。教育に関する書籍も多く出版されていますが、なかなか読まれていないのが現状です。

　特に「社会教育」については取り扱う書籍も少なく、社会教育法をはじめ「社会教育」について知る機会がなかなかないのが現状かと考えます。

　次に大学において法令を中心に学ぶのは法学部ですが、全国の大学の法学部では、「六法」と言われている憲法・刑法・民法・商法・刑事訴訟法・民事訴訟法を中心に学んでおり、選択科目等として教育関係法令を学んでいる学生はほとんどいないと考えます。

　また教育について学ぶ教育学部においても専門科目は教職課程を中心に学んでいるため、「社会教育」についての科目があれば、選択科目として学ぶ機会しかないかと考えます。

　最近では選択科目として「生涯学習論」という科目があり、その中で「社会教育」について触れていますが、「社会教育」全体について学ぶ機会は大学において学部・学科等がないため、ほとんど触

れることがないと考えます。

　つまり大学をはじめ、その他の学校においても「社会教育」を学ぶ機会がなく、知る機会もないため、教育基本法、社会教育法などの「社会教育」に関連する法令があっても関係者以外は関心が低く、目にすることはない状態かと考えます。

　更に「社会教育」については教育基本法、社会教育法において、定義、目的などの根拠が定められていますが、社会教育活動における具体的な教育の主体・対象・場・方法・目的などが不明確なため、わかりにくく、そのため多くの人に理解されず、一般社会にその言葉が普及しないと考えます。そこから「社会教育」は「個人の趣味・教養である。」、「生涯学習は社会教育と同じである。」という間違った理解が広まり、誤解と無理解が生じていると考えます。

【「社会教育」を充実・振興して、認知度を高めるために】

　「社会教育」を振興・普及させ、認知度を高めるためには、まず国（文部科学省）・地方公共団体（教育委員会）は社会教育に関係する法令（法律・条令等）が現状の実態に適合しているかどうか、常に検証して法令等を改正していくことが必要です。国においては、その都度、社会の現状の変化を踏まえて、法改正をしてきましたが、コロナ禍等により社会が急激に構造変化をしている現状においては、調査・分析結果に基づき法令等を早急に見直し、改正するとともに、広報・普及して、地方公共団体と連携・協働して施策を実行していくことが必要になっています。

　施策を実行するためには、前提として統計法に基づいた「社会教育調査」結果を分析して、社会教育施設、社会教育関係職員、学習・活動内容等の調査結果について、学習者の要望に応えていくためには何が不足しているのか、どのような施策をすればよいのかを企画立案していくことが求められます。

　また国においては、過去の審議会等の答申（報告等を含め）、地方公共団体においては教育委員会又は社会教育委員の会議報告にお

いて、その内容が達成しているのかどうかを検証していくことも必要です。

　更に基本的な調査以外に、定期的にできる限り多くの人に社会教育に関する認知度調査を実施して、その結果に基づき、新たな施策を考える上での参考にすることも必要かと考えます。

　以上を踏まえて、国と地方公共団体は連携・協働して、すべての人に「社会教育」及び社会教育活動を知っていただくために、情報機器等を活用して、ホームページ、パンフレット等を通して広報・普及活動に努めることが求められます。

【社会教育調査】～社会教育の現状と課題を知るために～

　社会教育調査は、都道府県及び市町村における社会教育の状況を調査して、社会教育行政に必要な基本的事項を明らかにするために、統計法に基づいた基幹統計調査としての調査です。この調査は昭和30年（1955年）から開始され、文科省の社会教育調査規則（省令）に基づき、3年ごとに調査され公表されています。

　調査対象事項は都道府県教育委員会・市町村教育委員会の社会教育行政、公民館、図書館、博物館、青少年教育施設、女性教育施設、体育施設、劇場・音楽堂等、生涯学習センターなどです。

　この調査により当該年度の数値だけではなく、3年ごとの過去の数値からの増減の推移がわかり、現状の「社会教育」の状況を国民に知っていただくとともに今後の行政機関においては施策課題を検討するために必要な調査です。

　この調査以外に文科省では、「生涯学習施策に関する調査研究」、内閣府政府広報室では「教育・生涯学習に関する世論調査」を実施し、その結果をホームページなどでみることができます。「社会教育」についての国民の意識等がわかる調査です。

II 社会教育行政における
社会教育振興の経緯と現状

1. 社会教育行政はどこが所管しているか

　「社会教育」は教育全体を所管している文科省が社会教育行政を所掌しています。現在、文部科学省設置法（平成11年2月22日）において、社会教育についての所掌事務は第4条の32号から37号に定められています。

　社会教育の振興に関する企画及び立案並びに援助及び助言に関すること（32号）、

　社会教育のための補助に関すること（33号）、

　青少年教育に関する施設において行う青少年の団体宿泊訓練に関すること（34号）、

　通信教育及び視聴覚教育に関すること（35号）、

　外交政策に係るものを除く外国人に対する日本語教育に関すること（36号）、

　家庭教育支援に関すること（37号）

　と定められています。

　そして文部科学省組織令（政令）において

総合教育政策局の所掌事務を第4条の各号において、より詳細に

・社会教育の振興に関する企画及び立案並びに援助及び助言に関すること。（文化庁の所掌に属するものを除く。）

・社会教育主事、司書及び司書補並びに司書教諭の講習に関すること。

・社会教育のための補助に関すること。（文化庁の所掌に属するものを除く。）

・公立及び私立の社会教育施設の整備（災害復旧に係るものを除く。）に関する指導及び助言に関すること。（スポーツ庁及び文化庁の所掌に属するものを除く。）
・公立の社会教育施設の整備のための補助に関すること。（スポーツ庁及び文化庁並びに大臣官房の所掌に属するものを除く。）
・青少年教育に関する施設において行う青少年の団体宿泊訓練に関すること。
・社会教育としての通信教育に関すること。
・社会教育における視聴覚教育に関すること。
・青少年の健全な育成の推進に関すること。（内閣府の所掌に属するものを除く。）
・文部科学省の所掌事務に係る青少年の健全な育成に関する基本的な政策の企画及び立案に関すること。
・教育の振興に係る国際文化交流の振興に関すること。（外交政策に係るもの並びに高等教育局及び国際統括官の所掌に属するものを除く。）
・地方公共団体の機関その他の関係機関に対し、国際理解教育、専修学校及び各種学校における教育並びに社会教育に係る専門的、技術的な指導及び助言を行うこと（スポーツ庁及び文化庁並びに初等中等教育局及び高等教育局の所掌に属するものを除く。）
・教育関係職員、社会教育に関する団体、社会教育指導者その他の関係者に対し、国際理解教育、専修学校及び各種学校における教育並びに社会教育に係る専門的、技術的な指導及び助言を行うこと（スポーツ庁及び文化庁並びに初等中等教育局及び高等教育局の所掌に属するものを除く。）

として多岐にわたり社会教育行政の任務と所掌事務を定めています。以上を踏まえて文科省の社会教育行政を所掌する局の変遷と現状についてみていきます

（1）社会教育局

　昭和 20 年（1945 年）10 月に、戦時中に廃止された社会教育局が新たな政策を担い復活しました。前述した通り、翌年の昭和 21 年（1946 年）11 月 3 日に日本国憲法が公布され、昭和 22 年（1947 年）3 月 31 日に教育基本法、学校教育法が公布されました。そして昭和 24 年（1949 年）6 月 10 日に**社会教育法**が公布されました。また関連法として昭和 25 年（1950 年）4 月 30 日に図書館法が公布され、続いて昭和 26 年（1951 年）12 月 1 日に博物館法が公布されました。

　社会教育関係法を整備している中、社会教育局の課の編成は毎年のように変わりました。

　昭和 27 年（1952 年）の局の編成は社会教育課、社会教育施設課、体育課、芸術課、視聴覚教育課、著作権課となっており、広い分野を対象としていました。

　その後も局内の編成は何回か変わりましたが、昭和 63 年（1988 年）に局が組織改編する前には社会教育課、青少年教育課、視聴覚教育課、婦人教育課の 4 課になっていました。

　社会教育局は社会教育関係法の整備に伴い、社会教育行政として公民館等の社会教育施設の整備、社会教育主事等の社会教育指導者の養成、社会通信教育・視聴覚教育の普及、社会教育関係団体の育成、社会教育活動・事業への支援などの基盤体制の整備と社会教育の振興を国は地方公共団体とともに推進してきました。

　特に昭和 46 年（1971 年）に、現在でも社会教育関係者等に通称「４６答申」として読まれている、「急激に社会構造の変化に対処する社会教育のあり方について」が社会教育審議会答申として出された後には、地方公共団体の教育委員会を通じて、社会教育指導者等の基に、社会教育施設（特に公民館）が中心になり、地域社会において社会教育活動が活発になり、地域社会の教育力が高まりました。

（2）社会教育局から生涯学習局へ

　昭和 63 年（1988 年）に社会教育行政にとって大きな組織改革がありました。組織改革における背景は、上記の「46 答申」にも「生涯教育」の必要性について述べられていますが、「生涯学習（生涯教育）」という考え方は、昭和 40 年（1965 年）にパリで開催されたユネスコの国際成人教育委員会でその考え方が提唱されました。

　我が国においても社会教育審議会、中教審、臨時教育審議会において議論され、21 世紀の教育体系を「生涯学習体系の移行」を推進することを答申等で出されました。その後昭和 62 年（1987 年）10 月の教育改革推進大綱が閣議決定され、昭和 63 年（1988 年）7 月に社会教育局を改組して生涯学習局（生涯学習振興課・社会教育課・学習情報課・青少年教育課・男女共同参画課）が設置されました。

　なぜ社会教育局が生涯学習局に改組になったかという理由は学制百二十年史によると「生涯学習局は文部省の各局で行われている学校教育、体育、スポーツ、文化に関する事務について、生涯にわたる学習活動を奨励・振興する観点から、関係施策の企画調整を行う権限を有するものであり、これにより、文教施策全体が学校教育をも含めた生涯学習体系への移行を目指すという考え方を明らかにしたものである。なお、生涯学習局においては、生涯にわたる学習機会の提供という面で重要な役割を果たす社会教育行政の振興・推進とともに、生涯学習の役割を担う学校教育機関である放送大学や専修学校・各種学校を所管することとされた。」となっています。

　つまりあらゆる学習を含む生涯学習という概念の中で「社会教育」が重要な役割を果たすということで社会教育局が生涯学習局となったという説明になっています。

　しかしこの行政組織の改革は後に「生涯学習は社会教育と同じである。」という大きな誤解が生じました。都道府県教育委員会・市町村教育委員会においても、理解不足のため、ただ「社会教育課」を「生涯学習課」に名称変更した教育委員会が多くありました。また文科省においても生涯学習振興課が新たに設置され、社会教育局

の4課は名称変更の課はありましたが、そのまま継続されました。更に「生涯学習体系の移行」という大きな施策の改革を掲げましたが、新たに機構定員・施策の実行に必要な予算・定員が措置されることはありませんでした。

結果論になりますが、行政組織において生涯学習を推進するためには教育全体を俯瞰し、教育政策の企画調整をする大臣官房に部を設置するか、あるいは生涯学習局に「社会教育部」を設置すれば都道府県及び市町村教育委員会において誤解が生じることはなかったと考えます。

（3）生涯学習局から生涯学習政策局へ

その次の大きな組織改編は平成13年（2001年）に行政改革によって、文部省と科学技術庁が統合して文部省が文部科学省になることに伴い、生涯学習局は生涯学習政策局（政策課・生涯学習推進課・情報教育課・社会教育課・青少年教育課・男女共同参画課・参事官）になりました。

組織再編の理由は、「政策形成の観点から①生涯学習政策の立案機能の強化、②一層の推進を図るため、中央教育審議会の運営や調査統計等の所掌を移管して、学校教育も含めた教育政策に関する企画調整機能を強化する。」となっています。

生涯学習社会への移行に向けて上記理由により局を再編成しましたが、生涯学習社会への移行を推進するために重要な役割を果たすことになっている社会教育の振興・普及については新たな役割は示されず、継続していく体制になっています。

教育政策ではなく行政改革により生涯学習政策局の課は増設されましたが、生涯学習体系を学校教育とともに支える社会教育関係の定員・予算は増えず、むしろ減少しました。

社会教育の充実振興のために更なる社会教育指導者の養成、社会教育施設の整備等の多くの課題はありましたが、社会教育行政は行政改革により充実ではなく衰退していきました。そしてこのことが

地域社会の教育力・活力の低下になった大きな要因と考えます。

（4）生涯学習政策局から総合教育施策局へ

　平成30年（2018年）10月、文科省は生涯学習政策局を組織改編して総合教育政策局を設置しました。

　新たな局の設置について、文科省は「新時代の教育政策実現に向けて」として二つの理由を説明しています。

①平成18年（2006年）の教育基本法改正により、新たに定められた「生涯学習の理念」の実現に向けて、❶教育振興計画の策定など総合的な教育政策を企画立案し、推進するとともに、❷総合的かつ客観的な根拠に基づく政策を推進するための基盤整備を行う。

②人材育成、環境整備、事業支援といった視点から、生涯にわたる学び、地域における学び、「ともに生きる学び」を推進する。

となっています。

　この局の再編により、昭和20年（1945年）から設置されていた社会教育課が廃止されました。また「社会教育」という言葉も、「社会教育振興統括官」という役職名と社会教育人材研修係という係名を除き、社会教育という言葉はなくなりました。

　青少年教育は「課」よりも規模の小さい「室」として、社会教育施設としての図書館については図書館振興係となりました。同じ社会教育施設である博物館については文化庁に所掌が移行しました。

　つまり社会教育課の廃止に伴い、その所掌が分散されました。その結果、社会教育行政全体を所掌し、企画調整する機能がどこで行われるのか不透明になり、社会教育関係者からは「社会教育」そのものが全体の教育政策の中で重要視されていないという声が多く聞かれました。

　社会が大きく変化して、「地域社会の教育力の低下」が見受けられ、「地域づくり」が求められている現状において、「社会教育」の役割と重要性が叫ばれる中、社会教育行政の全体を把握して、その役割

と責任において「社会教育」の振興を推進する体制整備を再構築することが強く要求されます。

【次世代育成支援対策推進法】 (厚生労働省)

　平成 15 年（2003 年）7 月 16 日に制定された法律です。制定の背景等は、急速な少子化の進行等を踏まえ、次代の社会を担う子どもが健やかに生まれ、かつ、育成される環境の整備を図るため、次世代育成支援対策について、基本理念を定めるとともに、国による行動計画策定指針並びに地方公共団体及び事業主による行動計画の策定（事業主の団体を「次世代育成支援対策推進センター」として指定）等の次世代育成支援対策を迅速かつ重点的に推進するために必要な措置を講ずることを目的とした法律です。

---

2. 組織改編の経緯による「社会教育」の位置づけ

　文部省社会教育局設置から文部科学省総合教育政策局までの社会教育行政について、今一度整理して、行政機関における「社会教育」についての位置づけについてみていきます。

　昭和 20 年（1945 年）から設置された社会教育局は昭和 63 年（1988年）に改組して生涯学習局になりました。改組した主な理由は前述した通り「生涯学習体系への移行」を目指すということで、生涯学習局は省全体の企画調整権限をもつということになっていましたが、局設置後、実際には各局の法令に基づく所掌等の関係から、なかなかそのようにはなりませんでした。

　この省内の組織改革により、国と同様に都道府県・市町村の多くの教育委員会も社会教育課を改組して「生涯学習課」等の名称になりました。

　その時に教育施策全体を俯瞰して、教育委員会において生涯学習を推進する企画調整機能・権限があればよかったのですが、多くはただの名称変更になりました。

　そのため「生涯学習」と「社会教育」は同じ意味であるとか、あるいは行政側も「生涯学習」への理解が普及されていなかったため、単に「社会教育」を「生涯学習」と呼ぶという混乱が生じました。

　例えば全国に「生涯学習センター」が設置されましたが、事業内容は「社会教育センター」と呼んでも違和感のない施設でした。

　事前に法令等で「生涯学習」の定義・目的等が明確になっており、地方公共団体に「生涯学習」について趣旨・目的等の説明が行き届いていれば、そのような事態にはならなかったと考えますが、それまで「生涯学習」を定義した法令もなく、平成2年（1990年）に「生涯学習の振興のための施策の推進体制等の整備に関する法律」が公布されましたが、その法律の中にも生涯学習の定義についての条文はありません。

　つまり「生涯学習」の意義あるいは定義が全国に理解される前に国が組織改正したということになります。

　平成18年（2006年）に改正された教育基本法に新たに（生涯学習の理念）の条文が規定されましたが、上記の通り、既に国・地方公共団体の行政組織において、社会教育行政の位置づけが不明確になっていたため、「社会教育」は社会教育の振興ではなく後退していったと考えられます。

　そして更に文科省において、「社会教育課」が廃止されたことは、今後益々「社会教育」についての理解・普及が失われていくと考えます。

　そして国及び地方公共団体の多くの行政組織において「社会教育」を所掌して、充実振興するために中核となる局・課がなくなったことは、家庭教育・学校教育・社会教育の三主体連携・協働が大きく揺らぎ、家庭教育への支援にも支障をきたしたと考えます。

　社会の変化に応じて組織を改革していくことは必要ですが、その前提には施策の改革が必要です。「社会教育は現在の地域社会に必要かどうか」、「必要であれば社会教育行政をどのように改革するのか」、「新たな社会教育の役割とは何か」などを考えて行政組織を改

編することが求められます。

　社会教育及び社会教育行政については、その必要性を含めて再検討することが必要です。そして必要ではないということであれば、学校教育・家庭教育・社会教育の三主体の教育体系を全面的に見直すことが必要になります。また必要ならば、「社会教育」の現状・実態を踏まえて、社会教育行政を再構築することが必要になります。

【文部科学省の組織】

　通称、「文科省」は、国家行政組織法（昭和23年7月10日）第3条に規定された（令和4年現在、1府11省）行政機関の一つです。文部科学省は平成13年（2001年）1月6日に、中央省庁再編により文部省と旧総理府の外局だった科学技術庁と統合して、現在に至っています。

　文科省は文部科学省設置法により教育、学術、文化、スポーツ、科学技術の振興、宗教事務等を所管することになっています。

　組織の内容は、大臣、副大臣（2名）、政務官（2名）、事務次官、文部科学審議官（2名）の下に行政事務を行う大臣官房（総務、人事、会計等を所掌）他6局、2部があり、外局に文化庁、スポーツ庁を設置しています。所掌事務の内容については、文部科学設置法第4条に97号に広範囲の分野に及ぶ事務内容になっています。

　機構定員は、令和4年（2022年）10月1日現在、2,154人（本省1,746人、文化庁297人、スポーツ庁111人）となっており、11省の中で最も定員数が少ない省になっています。所管する対象分野、それに伴う97もある事務分掌から、行政事務の任務を遂行するために現在の定員、予算措置で、教育行政の目的が達成されるのか、懸念されています。

III 「生涯学習」と「社会教育」について

1. 「生涯学習」とは何か

（1）生涯教育への移行

　「生涯学習」は当初「生涯教育」という呼び名で提唱されました。前述しました、昭和46年（1971年）の社会教育審議会答申「急激な社会構造の変化に対処する社会教育のあり方について」においても「生涯教育」として、その必要性を「生涯教育の必要は、現代のごとく変動の激しい社会では、いかに高度な学校教育を受けた人であっても、次々に新しく出現する知識や技術を生涯学習しなくてはならないという事実から、直接には意識されたのであるが、**生涯教育という考え方はこのように生涯にわたる学習の継続を要求するだけでなく、家庭教育、学校教育、社会教育の三者を有機的に統合することを要求している。**」（答申の項目「2　生涯教育と社会教育」から）となっています。

　そしてこの後に生涯教育を進める上で、「**とくに社会教育が果たすべき役割がきわめて大きい**」こと。また「**社会教育は、単に変化に順応するだけでなく、さらに人間性を積極的に育て、社会における先導的役割を果たすべきである。**」としています。

　また学校教育についても、昭和46年（1971年）に中教審から「今後における学校教育の総合的な拡充整備のための基本的施策について」という答申が出されました。その答申の中の「2　教育体系の総合的な再検討と学校教育の役割」という項目において「**これまで教育は、家庭教育・学校教育・社会教育に区分されてきたが、ともすればそれが年齢層による教育対象の区分であると誤解され、人間**

形成に対して相互補完的な役割をもつことが明らかにされているとはいえない。そのような役割分担を本格的に究明し、**教育体系の総合的な再編成を進める**」ことが必要であるとしています。

　この二つの答申に共通していることは、①人間形成における生涯教育（生涯学習）の必要性と、②生涯教育を推進していくためには家庭教育・学校教育・社会教育がそれぞれの役割と責任を果たすとともに、相互に連携協力していくことが必要であるということを明らかにしています。

（2）生涯教育から生涯学習へ

　次に「生涯教育」から「生涯学習」に呼び名が変わった経緯として、「生涯学習」についての考え方について明らかにした昭和56年（1981年）中教審答申「生涯教育について」があります。その答申の中には、生涯教育の意義として、

「今日、変化の激しい社会にあって、人々は、自己の充実・啓発や生活の向上のため、適切かつ豊かな学習の機会を求めている。これらの学習は、**各人が自発的意思に基づいて行うことを基本とするものであり、必要に応じ、自己に適した手段・方法は、これを自ら選んで、生涯を通じて行うものである。その意味では、これを生涯学習と呼ぶのがふさわしい。**

　この生涯学習のために、**自ら学習する意欲と能力を養い、**社会の様々な教育機能を相互の関連性を考慮しつつ総合的に整備・充実しようとするのが生涯学習の考え方である。言い換えれば、**生涯教育とは、国民一人一人が充実した人生を送ることを目指して生涯にわたって行う学習を助けるために、教育制度全体がその上に打ち立てられるべき基本的な理念である。**」と述べられました。

　更に「生涯学習」の意義・定義になる考え方は、平成2年（1990年）の中教審「生涯学習の基盤整備について」の答申の中にあります。
「①　生涯学習は、生活の向上、職業上の能力の向上や、自己の充実を目指し、各人が自発的意思に基づいて行うことを基本とす

るものであること。

② 　生涯学習は、必要に応じ、可能なかぎり自己に適した手段及び方法を自ら選びながら生涯を通じて行うものであること。

③ 　生涯学習は、学校や社会の中で意図的、組織的な学習活動として行われるだけでなく、人々のスポーツ活動、文化活動、趣味、レクリエーション活動、ボランティア活動などの中でも行われるものであること。」となっています。

これらの答申から「生涯学習」の基本的な定義を整理すると下記の通りです。

ア．生涯学習は基本として個人の自発的な意思に基づいて行うこと。

イ．生涯学習の目的は生活の向上、職業能力の向上、自己の充実であること。

ウ．生涯学習は学校教育、家庭教育、社会教育という教育における学習とそれ以外のあらゆる学習を含むということ。

これらの定義から「生涯学習社会」を目指すということが答申の内容となっています。したがって生涯学習とは**「生涯学習社会を目指すための考え方・理念」**であると言えます。

そして答申にある、あらゆる学習とは、学校教育、社会教育、家庭教育、企業内教育・訓練、職業教育・訓練、各種の研修、スポーツ活動、文化活動、ボランティア活動など人々の生活の中におけるほとんどの学習活動ということがわかります。

その中で家庭教育・学校教育・社会教育は生涯学習社会を構築するための重要な役割を担う三主体となっています。

2. 「生涯学習社会」とは

それではなぜ「生涯学習社会」を目指したのか。また「生涯学習社会とは何か」について答申からみていきます。生涯学習社会への移行を明示した答申は昭和62年（1987年）臨時教育審議会（以下、「臨教審」）の「教育改革に関する第4次答申」（最終答申）です。

　臨教審は昭和59年（1984年）から昭和62年（1987年）まで臨時教育審議会設置法に基づき総理府に、内閣総理大臣の諮問機関として設置されました。

　臨教審は総理大臣の諮問により、我が国の教育問題・課題について長期的な観点から審議し、その答申の提言はその後の教育施策の構築に大きな影響がありました。

　答申は昭和60年（1985年）の第1次答申から昭和62年（1987年）の第4次答申に渡って提言されました。その最終答申の中の「生涯学習体系への移行」として「我が国が今後、社会の変化に主体的に対応し、活力ある社会を築いていくためには、学歴社会の弊害を是正するとともに、学習意欲の新たな高まりと多様な教育サービス供給体系の登場、科学技術の進展などに伴う新たな学習需要の高まりにこたえ、**学校中心の考え方を改め、生涯学習体系への移行を主軸とする教育体系の総合的再編成を図っていかなければならない。**」としています。

　続いて平成4年（1992年）、生涯学習審議会の「今後の社会の動向に対応した生涯学習の振興方策について」の答申の中で「豊かな生涯学習を築いていくために」として「生涯学習についてのこれまでの考え方を踏まえつつ、本審議会としては、基本的な考え方として、今後人々が、**生涯のいつでも、自由に学習機会を選択して学ぶことができ、その成果が社会において適切に評価されるような生涯学習社会を築いていくこと**を目指すべきであると考える。」とあります。

　これらの答申を踏まえて、前述したように平成18年（2006年）に教育基本法が改正され、新たに条文の第3条に（生涯学習の理念）として明記されました。以上のことから「生涯学習社会」とは
　　「人々が、生涯のいつでも、自発的にあらゆる機会、あらゆる場所において学習することができ、その成果が社会において適切に評価され、生かすことができる社会」 であるとしています。
そして生涯学習の理念に基づいて、生涯学習社会を構築していく

ためには国・地方公共団体が主体となって推進していくことが答申等から示されています。

　そして生涯学習社会を構築していくためには、学校教育とともに社会教育の役割が重要であるとしています。

【教育委員会】

　地方公共団体に置かれている教育委員会の設置根拠は、地方自治法（第180条の5）に規定されています。

　そして教育委員会は、地方公共団体に設置されている選挙管理委員会、人事委員会又は公平委員会、監査委員会と同じ行政委員会です。（行政委員会は政治的中立性の確保などの理由により、独立性の高い行政機関です。）

　教育委員会の職務権限等については、同法第180条の8に「教育委員会は、別に法律の定めるところにより、学校その他の教育機関を管理し、学校の組織編制、教育課程、教科書その他の教材の取扱及び教育職員の身分取扱に関する事務を行い、並びに社会教育その他教育、学術及び文化に関する事務を管理し及びこれを執行する。」と定めています。そしてこの条文に「別に法律で定める」とある法律は、「地方教育行政の組織及び運営に関する法律」であり、その中に法律の趣旨・基本理念、職務権限、組織運営等について定めています。

　教育委員会制度の意義は、「政治的中立性の確保」、「継続性、安定性の確保」、「地域住民の意向の反映」に基づいています。またその特性は「首長からの独立性」、「合議制」、「住民による意思決定（レイマンコントロール）」になっています。

　教育委員会が所掌する事務は「学校教育の振興」、「生涯学習・社会教育の振興」、「芸術文化の振興、文化財の保護」、「スポーツの振興」と定められています。

IV 文部科学省の「社会教育」振興への取り組み

1. 社会教育行政は振興しているか

「社会教育」を振興するためには、社会教育行政を所管している文科省の施策への取り組みが重要な役割を果たします。文科省は国家行政組織法により設置された「国の行政機関」です。国家行政組織法に基づき、文部科学省設置法があり、その中で文科省の任務及び所掌事務について定められています。

その第3条の任務を達成するために、第4条に所掌事務が定めており、その中で「生涯学習」については「生涯学習に係る機会の整備の推進に関すること。」となっており、「社会教育」については「**社会教育の振興に関する企画及び立案並びに援助及び助言に関すること。**」、「**社会教育のための補助に関すること。**」その他青少年教育、通信教育及び視聴覚教育が所掌となっています。

この所掌事務を踏まえて、文部科学省組織令（政令）で上記の所掌事務を「総合教育政策局」がつかさどることとなっています。そして総合教育政策局内の各課（7課）の所掌事務を定めています。

そこから「生涯学習推進課」では社会教育としての通信教育に関すること、社会教育に関する団体、社会教育指導者に関することが所掌になっています。また「地域学習推進課」においては生涯学習推進課と重複する事務がありますが、社会教育の振興のための事務全体を所掌することになっています。ただし他省庁、他課の所掌に属するものは除くことになっています。

各省庁はすべて法令に基づき設置されています。設置法、組織令（政令）により、その任務及び所掌事務及び局と課が定められ、組

織規則で室及び専門官等の設置まで定められています。

　法令によって内部部局になぜ局・課・室まで定めているかというと、その所掌事務の任務と責任を効率的、効果的に遂行するとともに、行政事務の内容を国民に対して明らかにするためです。

　したがって法令に基づいた国の行政機関が組織改編することは各都道府県・指定都市・市町村の行政機関に大きく影響します。

　社会教育においても教育委員会、社会教育施設等に携わっている社会教育関係者に大きな影響があります。そして行政機関への影響は最終的に直接、一人一人の国民すべてに影響するということになります。

　以上を踏まえて、文科省の組織改編から「社会教育」について生じた問題について今一度整理します。

　第一には「社会教育局」を「生涯学習局」に組織改編したため各県及び市町村の多くの教育委員会も組織改編し、国と同様に社会教育行政の組織が縮小し、それに伴い財政的措置、人員等も減少しました。

　第二は「生涯学習政策局」から「総合教育政策局」に組織改編したことにより、局名から「生涯学習」の名称もなくなり、「社会教育課」の名称もなくなった結果、生涯学習と社会教育との所掌事務と任務の関係性が不明確になりました。

　第三に最も大きな問題はどのような理由で「社会教育課」が「地域学習推進課」になったのか、上記を含めて多くの社会教育関係者及び国民があまり理解されていないことです。また局内外に社会教育の所掌事務が分散されているため、社会教育行政全体をみて、効率的・効果的に行われるかという懸念があります。

　生涯学習社会を目指すために審議会等で重要な役割を果たすことになっている社会教育行政を振興するために、行政機関の在り方が重要になります。そして教育委員会だけではなく社会教育関係者をはじめ地域社会のすべての人たちが理解し、知っていただくことが最も必要であると考えます。

【子ども・若者育成支援推進法】（平成21年7月8日）　　（内閣府）

　子ども・若者を取り巻く環境が悪化し、社会生活を円滑に営む上で深刻な状況にあることを踏まえて、日本国憲法及び児童の権利に関する条約の理念にのっとり、子ども・若者が健やかに育成し、社会生活を円滑に営むことができるようにするための支援その他の取組について、定めた法律です。

　その内容は基本的理念、国及び地方公共団体の責務（総合相談センター、支援地域協議会等の支援の枠組み、ネットワークの構築等）や施策の基本となる事項を定めるとともに、子ども・若者育成支援推進本部（「子ども・若者育成支援推進大綱」の作成など）を設置すること等により、学校教育、児童福祉、雇用施策等の関係施策と連携し、総合的な子ども・若者育成支援のための施策を推進することを目的として定めています。

　法律の第2条の（基本理念）としては、条文の1号から7号までを定めています。その中で、教育関係の施策との連携においては、4号で「子ども・若者育成支援において、家庭、学校、職域、地域その他のあらゆる分野におけるすべての構成員が、各々の役割をはたすとともに、相互に協力しながら一体的に取り組むこと。」と定めており、6号には「教育、福祉、保健、医療、矯正、更生保護、雇用その他の各分野における知見を総合して行うこと。」と定めています。

　少子化が急速に進行する中、この法律は「次世代育成支援対策推進法」とともに、我が国の将来にとっても重要な法律です。

2.　「社会教育」の振興はどこで審議・検討されているか

　「中央教育審議会」といっても、教育関係者以外には、あまり馴染みがなく、また答申を読むことはないかと考えますので、まず中教審についてみていきます。

　中教審は国家行政組織法（第8条）、文部科学省組織令（第75条、

第76条）及び中央教育審議会令に基づいて、「文部科学大臣の諮問に応じて教育の振興及び生涯学習の推進を中核とした豊かな人間性を備えた創造的な人材の育成に関する重要事項を調査審議し、文部科学大臣に意見を述べること。」のために設置されています。また文科省には中教審以外に「教科用図書検定調査委員会」、「大学設置・学校法人審議会」、「国立研究開発法人審議会」が設置されています。

　文科省は平成30年（2017年）に審議会の再編を行い、現在（令和4年）は中教審の中に課題と内容により「教育制度分科会」、「生涯学習分科会」、「初等中等教育分科会」、「大学分科会」の四つの分科会と「教育振興基本計画部会」、「地方文化財行政に関する特別部会」の二つの部会があります。社会教育の振興については生涯学習分科会で審議することになっています。

　中教審の審議は教育に関する基本的な重要施策について、調査審議することを目的に設置されており、その答申は国の教育政策の方向に大きく反映されることになっています。

　社会教育においては、社会教育局が設置されていた時は「社会教育審議会」において調査審議され、昭和63年（1988年）の「生涯学習局」設置に伴い生涯学習審議会が設置され、社会教育については生涯学習審議会のもとで社会教育分科会として調査審議することになりました。

　そして平成13年（2001年）に生涯学習局が「生涯学習政策局」に移行することにより、生涯学習審議会は中教審に統合され、更に平成30年（2018年）に生涯学習政策局は「総合教育政策局」に改編され、中教審のもとで生涯学習分科会になり、社会教育については、この分科会で調査審議することになりました。

　社会教育についての審議は前述した「46答申」と言われ、今でも社会教育関係者には読まれている「急激な社会構造の変化に対処する社会教育のあり方について」答申（昭和46年社会教育審議会）が出されて以来、「社会教育」（青少年の体験活動等の個別分野を除き）についての答申は平成10年（1998年）の「社会の変化に対応

した今後の社会教育行政の在り方について」（生涯学習審議会）が
あります。

　その後平成 30 年（2018 年）に「人口減少時代の新しい地域づく
りに向けた社会教育の振興方策について」中教審答申が出されまし
た。また答申にはなりませんでしたが、平成 25 年（2013 年）には「社
会教育推進体制の在り方に関するワーキンググループにおける審議
の整理」として中央教育審議会生涯学習分科会でまとめられました。

　以上のように「社会教育」については「46 答申」以来、審議会
答申等に基づいて、施策として社会教育行政の充実振興を図ってき
ました。しかし前述したように国の組織の大きな改編と審議会の改
編に伴い、昭和 46 年（1971 年）から現在（令和 4 年）までに「社
会教育」についての審議会の答申は審議会全体の答申数から、あま
りにも少ない結果になっています。

　それは「社会教育」については、「生涯学習」の中で調査審議す
ると省内で判断したのか、あるいは「社会教育」については、現状
において、社会教育は充実振興されていると判断したのかはっきり
しませんが、「社会教育」については生涯学習（生涯教育）の審議
会において、生涯学習体系の中の社会教育の役割と課題について調
査審議されてきました。

　問題・課題は審議会の答申の数あるいは審議会の名称もあります
が、最も重要な問題・課題は、「46 答申」以降、「社会教育」につ
いての定義、概念をより明らかにするとともに、「社会教育の考え
方」、「社会教育の仕組み」などを審議して、現状の問題・課題を明
確にして施策に反映していくための調査審議が不足していたのでは
ないかと考えるからです。それは審議会のあり方、あるいは仕組み
に問題があると考えます。

　つまり昭和 62 年（1987 年）の臨教審の第四次答申（最終答申）
で社会の教育諸機能の活性化として「社会教育行政」について、生
涯学習体系への移行という観点から、**「社会教育に関連する法令を
含め総合的に見直す。」**とある答申を踏まえて、文科省内の審議会

で調査審議して、その答申に基づいて、社会教育行政を全面的に見直し、改革実行されたのかどうかということです。

「社会教育」については、その理念に基づき、社会の変化に対応して、施策を改善あるいは改革していくことが、法令を改正してでも必要かと考えます。そのためにも審議会等において「社会教育」について抜本的に調査審議していくことが求められます。

「社会教育」は従前から、その定義が曖昧であると言われてきました。そこに「生涯学習」を推進するという考え方が生じたため、前述した通り、「生涯学習と社会教育は同じ意味である」という誤解と混乱を生じて現在に至っていると考えられます。今一度「社会教育」の定義、生涯学習と社会教育の違い、社会教育と学校教育との違い、社会教育と家庭教育との関係、社会教育の具体的な必要性などを文科省は生涯学習分科会のもとに「専門委員会」を設置してでも調査審議して、その上で国として、社会に明示して、広く国民に理解していただくことが必要であると考えます。

次に教育基本法に定められている「教育振興基本計画」について、「社会教育」の役割と位置づけについてみていきます。

【少子化社会対策基本法と少子化社会対策白書】　　　（厚生労働省）

少子化社会対策基本法（平成15年7月30日）は、急速な少子化の進展により「人口構造にひずみを生じさせ」、「国民生活に深刻かつ多大な影響をもたらす」として、この喫緊の課題に対応するために制定した法律です。

内容については、第1条（目的）の中に、「このような事態に対し、長期的な視点に立って的確に対処するため、少子化社会において講ぜられる施策の基本理念を明らかにするとともに、国及び地方公共団体の責務、少子化に対処するために講ずべき施策の基本となる事項その他の事項」を定めるとしています。基本的施策の教育関係については、第12条（地域社会における子育て支援体制の整備）において「国及び地方公共団体は、地域において子どもを生み、育てる者を支援する拠点の整備を図るとともに、安心

して子どもを生み、育てることができる地域社会の形成に係る活動を行う民間団体の支援、地域における子どもと他の世代との交流の促進等について必要な施策を講ずることにより、子どもを生み、育てる者を支援する地域社会の形成のための環境の整備を行うものとする。」と定めています。

また第14条（ゆとりのある教育の推進等）においては「国及び地方公共団体は、子どもを生み、育てる者の教育に関する心理的な負担を軽減するため、教育の内容及び方法の改善及び充実、入学者の選抜方法の改善等によりゆとりのある学校教育の実現が図られるよう必要な施策を講ずるとともに、子どもの文化体験、スポーツ体験、社会体験その他の体験を豊かにするための多様な機会の提供、家庭教育に関する学習機会及び情報の提供、家庭教育に関する相談体制の整備等子どもが豊かな人間性を育むことができる社会環境を整備するために必要な施策を講ずるものとする。」と定めています。

更に第17条においては、国及び地方公共団体が、国民の認識、関心と理解を深める教育と啓発を行うことを定めています。家庭教育、学校教育はもちろんですが、社会教育の役割と責任が求められます。

この法律に基づいて、平成16年（2004年）以降毎年、少子化社会対策白書が公表されています。この白書には少子化の状況、少子化に対処している施策の状況等について報告されています。

令和4年（2022年）6月に内閣府から公表された白書（令和3年度版）には、少子化の現状として、令和2年（2020年）の出生数は84万835人（1973年の第2次ベビーブームには209万1,983人）で過去最少となっています。また合計特殊出生率は、1.33（1973年2.14）となっており、前年より0.03ポイント低下しています。因みに令和3年（2021年）の総人口は1億2,550万人であり、人口構造は年少人口（0〜14歳）1,478万人（11.8％）、生産年齢人口（15〜64歳）7,450万人（59.4％）、65歳以上人口3,621万人（28.9％）になっています。

3. 教育振興基本計画からの「社会教育」の役割と位置づけ

　教育振興基本計画（以下、「基本計画」）は平成18年（2006年）に教育基本法が改正された時に新たに条文に規定されました。基本計画は中教審のもとにある教育振興基本計画部会と中教審総会で審議され、文科省から内閣に諮り、閣議決定後、国会に報告することになっています。したがって我が国の教育政策の基本的方向性を示す重要なものです（文科省のホームページで公表されていますので参照してください）。

・教育基本法（教育振興基本計画）第17条

　政府は、教育の振興に関する施策の総合的かつ計画的な推進を図るため、教育の振興に関する施策についての基本的な方針及び講ずべき施策その他の必要な事項について、基本的な計画を定め、これを国会に報告するとともに、公表しなければならない。

2　地方公共団体は、前項の計画を参酌し、その地域の実情に応じ、当該地方公共団体における教育の振興のための施策に関する基本的な計画を定めるよう努めなければならない。

　この基本計画は国として5年ごとに基本的な計画を定めることになっており、地方公共団体においても法律（地教行法）により、この基本計画の基本的な方針と内容を参考（参酌）にして基本的な計画を定めることになっています。

　第1期は平成20年度（2008年）から平成24年度（2012年）、第2期は平成25年度（2013年）から平成29年度（2017年）、第3期は平成30年度（2018年）から令和4年度（2022年）までとなっています。

　上記のようにこの基本計画は国の基盤を形成する教育政策の基本的な考え方、基本的な方向性を示す、我が国の教育政策の基軸となるものです。教育関係者、子どもに携わる福祉等の関係者、子ども

の保護者はもとより、すべての大人に読んでいただきたいと考えます。

　それでは第1期から第3期までの教育施策の基本的な考え方と基本的な方向性等の内容についてみていくとともに、その中で「社会教育」役割・位置づけについてみていきます。

（1）第1期教育振興基本計画（平成20年度～平成24年度）

　第1期の基本計画は初めてのものであるため、最初に教育の使命、「教育立国」の実現に向けて、今後10年間を通じて目指すべき教育の姿、について述べています。重要な部分だけ載せます。

（教育の使命）

「**教育は、人格の完成を目指し、個性を尊重しつつ個人の能力を伸長し、自立した人間を育て、幸福な生涯を実現する上で不可欠のものである。同時に、教育は、国家や社会の形成者たる国民を育成するという使命を担うものであり、民主主義社会の存立基盤でもある。さらに、人類の歴史の中で継承されてきた文化・文明は、教育の営みを通じて次代に伝えられ、より豊かなものへと発展していく。こうした教育の使命は、今後いかに時代が変わろうとも普遍的なものである。**」

（「教育立国」の実現に向けて）

「**すべての人に等しく学習の機会が開かれ、生涯を通じ、一人一人が自己を磨き、高めることのできる社会を築くこと、このことを通じ、自由で、知的・道徳的水準の高い、持続可能で豊かな社会を創造し、国際社会に貢献し、その信頼と尊敬を得ることこそが、今後の我が国が目指すべき道と考える。**」

　上記のことは日本国憲法、教育基本法の精神にのっとり、教育の必要性と、その理念を実現することが述べられています。

　特に「**教育の使命**」を目的ではなく、教育に与えられた重要な任

務として、「使命」としたことを踏まえて「教育立国」の目標について述べられています。

　これらのことは今後、家庭教育・学校教育・社会教育を三主体として教育政策を推進していくための基本的な考え方になります。そして「今後10年間を通じて目指すべき教育の姿」として

①　「義務教育修了までに、すべての子どもに、自立して社会で生きていく基礎を育てる」

②　「社会を支え、発展させるとともに、国際社会をリードする人材を育てる」としています。

　次に「今後5年間に総合的かつ計画的に取り組むべき施策」として基本的な考え方と施策の基本的方向について述べられています。

（基本的な考え方）

①　「横」の連携：教育に対する社会全体の連携の強化

②　「縦」の接続：一貫した理念に基づく生涯学習社会の実現

③　国・地方それぞれの役割の明確化

（施策の基本的方向）

・基本的方向1：社会全体で教育の向上に取り組む

・基本的方向2：個性を尊重しつつ能力を伸ばし、個人として、社会の一員として生きる基盤を育てる

・基本的方向3：教養と専門性を備えた知性豊かな人間を養成し、社会の発展を支える

・基本的方向4：子どもたちの安全・安心を確保するとともに、質の高い教育環境を整備する

　上記の基本的な考え方と施策の基本的方向を踏まえて、基本計画の全体を通して「社会教育」についての役割と具体的な施策がいくつかあげられていますが、特に次の二つのことが重要であるとしています。

　第一は基本的な考え方の「横」の連携について、学校教育と社会教育が連携して、「**学校と地域との新しい連携の仕組みを構築することは、今後の重要な課題の一つである。**」としています。

第二に基本的方向の施策として、「**個人の自立や住民の学習活動を通じた地域の活性化に重要な役割を果たす図書館や博物館、公民館等の地域の社会教育施設の活用や、社会教育の推進を担う人材の資質向上や相互の連携協力を促す。**」としています。

　つまり学校教育と社会教育との連携協力、社会教育施設間での連携協力、社会教育活動に携わる人材の資質の向上と相互の連携協力を求めています。

　学校教育と社会教育の連携協力については平成29年（2017年）に社会教育法が改正され、地域と学校をつなぐコーディネーターの役割をする「地域学校協働活動推進員」制度が設けられました。

　また従前から学校教育法第137条の（社会教育への利用）、社会教育法（第44条）の（学校施設の利用）に、学校教育上支障がない限り、社会教育活動に学校施設を利用できることになっています。

　更に社会教育施設間の連携協力の推進と社会教育活動に携わる指導者等の人材の資質の向上は、学校教育と社会教育の連携協力の必要性とともに、その実行が今後の大きな課題となっています。

（2）第2期教育振興基本計画（平成25年度〜平成29年度）

　第2期の基本計画は最初に、今、我が国に求められるものとして「**自立・協働・創造に向けた一人一人の主体的な学び**」をあげています。

　そして「我が国の教育の現状と課題」の第1期基本計画の成果と課題の中で、「社会教育」については「**社会教育は、このような地域社会（地域社会の抱える課題が多様さと複雑さを増している。）における課題解決の担い手を育てるため、中心的な役割を担っていくべきであるが、多くの地方自治体において、地域コミュニティの変質や、社会教育担当部局以外の関係部局、NPO、大学、民間事業者等の多様な主体による社会教育事業の展開などに対して十分に対応できておらず、その役割を必ずしも果たせていないという課題を抱えている。**」となっています。

　この現状と課題については後ほど「社会教育の現状と課題」として、特に社会教育行政における社会教育指導者、社会教育施設等の現状と課題を中心に明らかにしていきます。

　第2期の基本計画は教育行政における四つの基本的方向性についてあげています。

①　社会を生き抜く力の養成

②　未来への飛躍を実現する人材の養成

③　学びのセーフティネットの構築

④　絆づくりと活力あるコミュニティの形成

としています。

　「社会教育」の役割について重要な点は、①の社会を「生き抜く力」の養成の中で（学校内外の多様な環境からの学び）をあげています。

　次に④の絆づくりと活力あるコミュニティの形成の中で（「社会が人を育み、人が社会をつくる」好循環システム）において**学校や公民館等を地域コミュニティの拠点として位置づけ、**保護者や地域住民などの多様な人々が集い、学習することなどを通じ多様な主体によるネットワークを構築し、絆をつくり上げていくこと。また、このような観点から、**社会教育行政の再構築を図ること。**」としています。

　そして（5年間における具体的方策）の基本施策30の中で社会教育推進体制の強化の基本的考え方として

・地域における学習活動を、活力あるコミュニティ形成と絆づくりをはじめとする課題に、より積極的に貢献できるものとすることが重要である。

・このため、**社会教育行政が学校や家庭、まちづくり、福祉等の関係部局や民間団体、大学等の地域の多様な主体と、より積極的に連携を仕掛け、地域住民も一体となって協働して取り組みを進めていく「社会教育行政の再構築」を実施するための環境整備を図るとともに、地域の学びを支える人材を育て、地域の学びの場をより質の高いものにするための取組を推進する。**

そして、国の（主な取組）として「**地域課題に解決に取り組んでいる先進的な地方公共団体を支援し、その優れた成果を全国へ普及する**」ことと「**地域の多様な人材をつなげていく役割を果たす社会教育主事等の専門人材の役割や配置の見直し、資質・能力の向上を図る。また、地域で活躍する教育支援人材等の人材認証制度の構築など、地域の学びを支える人材の育成・活用に取り組む。さらに、全ての社会教育施設で自己評価・情報公開が行われるよう促すなど、社会教育施設の運営の質の向上を図る。**」として具体的な施策について述べています。

　第２期の基本計画において、はじめて「社会教育」全体についてとりあげられました。その中で「**地域でのコミュニティの形成と地域での課題に伴う学習活動の促進**」が述べられています。

　そのために国・地方公共団体の社会教育行政の役割と責任、社会教育活動を推進していくために「社会教育の再構築」が述べられました。

　上記の政策を推進していくためには、まず国・地方公共団体が地域社会により、多様な社会教育活動の現状がどのようになっているのか、社会教育指導者等の社会教育関係者及び社会教育施設の実態がどうなっているのかを掌握し、必要であれば法令を制定又は改正して、「社会教育」の振興のために社会教育行政の体制整備をすることが求められます。

（３）第３期教育振興基本計画（平成３年度〜令和４年度）

　第３期の基本計画は第２期の「自立・協働・創造」を継承し、改めて教育基本法の理念、目的・目標を踏まえて（教育の普遍的な使命）を示し、これまでの取り組みの成果、社会の現状や2031年以降の変化等を踏まえて、取り組むべき課題について示し、更に2030年以降の社会を展望した教育改革の重点事項をあげています。

　（今後の教育政策に関する基本的な方針）は下記の五つをあげています。

①　夢と志を持ち、可能性に挑戦するために必要となる力を育成する

②　社会の持続的な発展を牽引するための多様な力を育成する

③　生涯学び、活躍できる環境を整える

④　誰もが社会の担い手となるための学びのセーフティネットを構築する

⑤　教育政策推進のための基盤を整備する

となっています。

「社会教育」の全体については③の（生涯学び、活躍できる環境を整える）の中で（人々の暮らしの向上と社会の持続的発展のための学びの推進）として「**少子高齢化や人口減少など、社会を取り巻く環境が急激に変化する中、今後の社会教育には、地域コミュニティの維持・活性化への貢献や全ての住民が地域社会の構成員として社会参加できるような社会的包摂への寄与、社会の変化に対応した学習機会の提供が期待され、その重要性は更に高まっていくと考えられる。**」また「**学習活動の拠点なる社会教育施設の効果的な活用や、地域の学校や大学等と社会教育施設との連携が重要である。**」としています。

以上第1期から3期までの基本計画において「社会教育」について報告されていることは、教育をめぐる現状と課題を踏まえて、社会教育には地域社会の活性化に、その重要性が高まっていること。そのためには社会教育施設が学校等との連携により効果的に活用し、社会教育主事等の専門職員の養成と質の向上を図るなど「社会教育の再構築」が必要であるとしています。

基本計画の第3期は令和4年までとなります。

第1期から15年間が経ちます。この期間を一つの区切りとして第1期から3期までの成果と課題を整理し、特に達成できていないことを明らかにして次の期に繋げていくことが必要かと考えます。

第4期は令和5年（2023年）から令和9年（2027年）となります。

コロナ禍等により社会が激変している中、益々国と社会の基盤形

成に必要な「人を育てる」教育政策が重要になっています。

これまで「社会教育」に関連する法令、国の行政機関（文部省から文部科学省）の内部部局改編による「社会教育」の位置づけ、「社会教育」に関する審議会の変遷についてみてきました。そして「教育振興基本計画部会」答申の第1期から3期までの基本計画を通して、「社会教育」の役割が重要であることをみてきました。

なお、第4期の基本計画の答申は、昨年（令和5年）の3月に公表されました。

今後5年間の教育政策の指針となる、重要なことが述べられていますので、ぜひ多くの人に読んでいただきたいと思います。（答申は文科省のホームページに載っています。

今後、その役割と責任を果たしていくための前提と条件を考えるために、「社会教育」の現状と課題について社会教育行政を中心にみていきます。

【白書とは？】

白書（外務省は青書）は、中央省庁が編集して刊行（原則として毎年）しているもので、当該省庁が所管している施策の実態と政府の施策の現状について、国民に知っていただくことを主目的にしているものです。統計、調査報告、法令解説書、パンフレット等は含まれていません。白書には、法律に基づき、国会への年次報告としての法定白書と法律に定めていない閣議了解を得るが、国会報告を要しない非法廷白書がありますが、いずれも公表されています。

教育についての白書は、「文部科学白書」ですが、教育政策又は社会教育についての理解がより深まる白書は、平成21年（2009年）まで公表された青少年白書であった、「子ども・若者白書」（内閣府、子ども・若者育成支援推進法第6条）、その他には、「国民生活白書」（内閣府）、「厚生労働白書」（厚生労働省）、「少子化社会対策白書」（内閣府、少子化社会対策基本法第9条）、「高齢社会白書」（内閣府、高齢社会対策基本法第8条）、「障害者白書」（内閣府、障害者基本法第11条）、「自殺対策白書」（内閣府・厚生労働省、自殺対策基

本法第 10 条）、「男女共同参画白書」（内閣府、男女共同参画社会基本法第 12 条）、「人権教育・啓発白書」（法務省、人権教育及び人権啓発の推進に関する法律第 8 条）、「警察白書」（警察庁）、「防災白書」（内閣府、災害対策基本法第 9 条）、「食育白書」（内閣府・農林水産省、食育基本法第 15 条）などの白書があります。

　白書は、現状の政治・経済・社会の実態と政府の政策がわかる刊行物です。社会教育施設等の研修会、講習会などを開くための参考資料になると考えます。

V 「社会教育」の現状と課題

1. 社会教育における学習人口は増えているか

　最初に社会教育の現状を知るためには、学習人口が増えているのか、減っているのかをみることが必要かと思います。ただし社会教育の学習の場は広範囲になっており、全体を把握するのは難しいため、ここでは文科省による統計法に基づいた「社会教育調査」（以下、「調査」）からみていきます。

　調査は３年ごとに実施していますので、最新の調査は昨年（令和５年）の３月に公表（文科省ホームページ参照）された、「令和３年度社会教育調査」になります。したがって本書では最新の数字に基づき、推移を表していきたいと考えましたが、コロナ禍のため、社会教育施設においても、期間中に全国的な休館（閉館）が生じ、そのため推移からの比較ができないので、その直近の「平成30年度社会教育調査」の数字を中心にしています。

　なお参考のため、令和３年度の数字も明記しておきます。

　また全ての社会教育施設及び民間教育事業者を含めた社会教育関係施設も対象としたいところですが、紙幅の関係から社会教育法に定められた公民館・図書館・博物館についてみていきます。

　なお数字は当該年度の10月１日現在であり、利用者数等は前年度１年間の数字です。また利用者数（学習者数）は延べ人数です。
（公民館）：社会教育を振興するために中核となる公民館（類似施設
　　　　　を含む）の平成29年度（１年間）の利用者数は **1億6,651**
　　　　　万7千人となっています。10年前の平成19年度間の利用者数は２億3,661万7千人であり、<u>7,010万人の減</u>になっ

ています。

（図書館）：図書館（同種施設を含む）の利用者数（図書の帯出者数）
　　　　　は、平成 29 年度は **1 億 7,789 万 9 千人** となっています。
　　　　　10 年前の平成 19 年度間の利用者数は 1 億 7,135 万 5 千
　　　　　人であり、654 万 4 千人の増になっています。

（博物館）：博物館は類似施設を除き、その利用者数（入館者数）は、
　　　　　平成 29 年度は **1 億 4,245 万 6 千人** となっています。10
　　　　　年前の平成 19 年度間の利用者数は 1 億 2,416 万 5 千人
　　　　　であり、1,829 万千人の増となっています。

　以上から、公民館の利用者数の減は、施設の老朽化、市町村の合
併などの地域の過疎化等により、相当数の施設が減少しているのが
大きな要因かと考えます。図書館、博物館については施設数が微増
になっており、それに伴い利用者数も増になったことが要因の一つ
と考えます。

　公民館・図書館・博物館の利用者数（学習者数）の増減はありま
すが、数字からは毎年、たいへん多くの人が学習・社会教育活動し
ていることがわかります。

　また調査にある、他の社会教育関係施設として調査対象事項に
なっている、博物館の類似施設、青少年教育施設、女性教育施設、
社会体育施設、民間体育施設、生涯学習センターにおいても、紙幅
の関係から数字は載せませんが、青少年教育施設の減少による利用
者数の減と民間体育施設の利用者数の減を除き、施設利用者数（学
習者数）は増えています。

　これらのことから学習者が社会教育活動を「社会教育」として理
解・認識しているかどうかは別にして、国民の多くの人が学習意欲・
意識が高く、学習人口は全体的に増えていると考えます。

2.　社会教育施設とは何か

　社会教育施設とは何か？と問われても、多くの人は馴染みがなく、

イメージも浮かばないかと思います。また公民館を利用して社会教育活動している人も、その施設が社会教育活動するための社会教育施設であるという認識をしている人は少ないかと考えます。

　学校教育については、小学校、中学校などの学校教育施設において、学校教育法（第3条）に学校の種類に応じて設備、編成その他の設置基準があります。例えば小学校であれば小学校設置基準（省令）で施設については校舎、そして校舎には教室、図書室、保健室、職員室を備えることになっており、その他には運動場、体育館を備えることになっています。学校教育施設については誰でも、その経験から知っていることと考えます。

　一方、社会教育施設については学校のように「○○小学校」と正門に看板・表札があるわけでもなく、公民館、図書館、博物館に行くことがあって、その施設が社会教育施設であるという認識は、多くの人が持たないと考えます。（ただし東京都内の23区には、公民館という名称ではなく、「○○区社会教育館」と看板・表札に明示された施設が多くあります。）そのため「社会教育」が見えてこない、理解しにくいという要因がここにあるかと考えます。

　社会教育施設を理解するためには、施設の名称（建物に明示された名称）ではなく「社会教育活動を行う施設（場）」として考えていくことが必要ですが、施設においてもホームページ等において、何のための施設であるのか、地域社会に広く広報普及していくことが必要です。

　社会教育施設として社会教育法で定められている施設は、法の第20条に規定されている公民館、第9条で定められている図書館、博物館となっています。

　また第5条にある社会教育に関して、市町村の教育委員会の事務の中で、公民館・図書館・博物館の他に「青年の家その他の社会教育施設」の設置と管理に関することが定められていますので、社会教育活動をしている施設であれば社会教育施設あるいは社会教育関係施設ということになります。

　ただし生涯学習社会を目指すためには、「社会教育」の役割と責任を明確にして、法令等により、社会教育施設の定義及び条件・基準等を明らかにしていくことが必要であると考えます（公民館・図書館・博物館にはそれぞれ設置及び運営に関する基準はあります）。

　また社会教育法以外の社会教育施設について触れている法律では、「地方教育行政の組織及び運営に関する法律」（昭和31年6月30日公布）があります。

　その中で教育委員会の職務権限（第21条）において、「青少年教育、女性教育及び公民館の事業その他社会教育に関すること。」となっており、青少年教育施設と女性教育施設も社会教育施設であることがわかります。

　ここでは社会教育法に定められた社会教育施設である公民館、図書館、博物館を中心にみていきます。

（1）社会教育を振興するために中心となる公民館

　「公民館」という名称が、地震、台風、大雨等の自然災害の時に地域住民の避難所としてテレビニュースなどで放映されます。視聴者には公民館は自然災害時の避難施設かと勘違いする人もいるのではないでしょうか。

　公民館は終戦後、荒廃して混乱した社会の状況の中で、国を新たに築いていくためには教育の力が必要であるという考えで、公民館の設置が提唱されました。

　文部省は日本国憲法が公布（昭和21年11月3日）される前の昭和21年7月5日に文部次官から各地方長官に公民館の設置・運営に関する通知・通達を出しました。

　その後（旧）教育基本法、社会教育法に基づいて、公民館の設置が促進されました。

　特に郷土の再建には、社会教育施設としての公民館が地域の中心的な存在になり、社会教育の振興・推進に大きな役割を果たすために必要であると考えられ、全国に公民館の設置を促進してきました。

公民館の目的については、社会教育法第20条において「公民館は、**市町村その他一定区域内の住民のために、実際生活に即する教育、学術及び文化に関する各種の事業を行い、もって住民の教養の向上、健康の増進、情操の純化を図り、生活文化の振興、社会福祉の増進に寄与することを目的とする。**」となっています。

　そして設置者は第21条で市町村が設置するか、公民館の設置を目的とする一般社団法人又は一般財団しか設置ができないこととなっています。

　公民館がどのような事業を行っているかは第22条において下記の通り定められています。

一　定期講座を開設すること。

二　討論会、講習会、講演会、実習会、展示会等を開催すること。

三　図書、記録、模型、資料等を備え、その利用を図ること。

四　体育、レクリエーション等に関する集会を開催すること。

五　各種の団体、機関等の連絡を図ること。

六　その施設を住民の集会その他の公共的利用に供すること。

となっています。

　館の運営には第23条で次の行為を行ってはならいないとしています。

　「もっぱら営利を目的として事業を行い、特定の営利事業に公民館の名称を利用させその他営利事業を援助すること。」、

　「特定の政党の利害に関する事業を行い、又は公私の選挙に関し、特定の候補者を支持すること。」、

　「市町村の設置する公民館は、特定の宗教を支持し、又は特定の教派、宗派若しくは教団を支援してはならない。」

　となっています。

　社会教育法の全条文のうち約半分近い数の22の条文が公民館についての規定です。公民館が社会教育を振興させるために、いかに中心的な役割を担う施設になっているかがわかります。

　公民館の設置状況は平成30年度の社会教育調査（平成30年10

月1日現在）によれば、全国に**1万4,281館（類似施設を含む）**が設置されています。10年前の平成20年には1万6,566館となっており、10年間で2,285館の減（10%以上の減少）。更に遡っての調査においても年々減少しているのが現状です。

　昨年（令和5年3月末）に公表された調査によれば、1万3,798館になっており、前回の調査から483館が減少しています。

　公民館は主に市町村設置になっていますので、市町村数との関係でみますと、昭和から平成16年までは3,000以上の市町村がありましたが、市町村合併が進み、平成20年の市町村数は1,700台になりました。

　平成30年10月1日現在の総務省調べによりますと1,724市町村となっていますので、公民館の減少の要因は市町村合併によることと、老朽化、過疎化等による廃館により、新たに設置されなかったと考えるのが主要因かと考えます。

　それ以外に財政措置等の関係で減少しているということであれば、地域住民に学習情報の提供等を通じて、地域の多様な学習機会、地域住民の学習活動を支援することに支障が生じ、地域内での人との交流も少なくなり、地域の不活性化に繋がることになります。

　したがって公民館が減少している原因を調査分析して、公民館の館数だけではなく、施設の状況、人員も含めて、現状と実態がどのようなっているのか明らかにすることが必要です。「数と質」が施設の機能を向上させると考えます。

　つまり公民館数の減少問題だけではなく、今の社会状況における教育の課題に対応していく施設になっているか、学習者の要望に対応できるか等と施設の安全性、機能性など総合的な調査を行い、施設の数と機能再構築をすることが課題かと考えます。

　公民館は地域住民の人間形成、生活の充実と人生を豊かにすることを目的とした「**人づくり、地域づくり**」において、地域社会になくてはならない社会教育施設であると考えます。

【公民館と自治公民館・コミュニティセンター】

　自治公民館は、地域社会住民が主体となって、設置した公民館の類似施設です。専任職員を置かず、施設管理・運営は住民が自主的に行っています。したがって管理運営に伴う経費は、住民の負担（会費等）になります。主な活動内容は防災活動、避難訓練、地域の清掃活動、環境整備などの生活に関係することが多いようです。

　コミュニティセンターは、首長部局が設置主体となっている施設です。運営主体は法人、NPO、自治組織の団体等であり、管理運営費は、市からの委託費または首長部局の予算で運営されています。主な活動内容は、地域の広報、市の窓口業務、職員の研修、地域づくりに関する事業などです。

　いずれの施設も設置主体、管理運営主体は公民館と異なっていますが、事業内容において公民館等の社会教育施設と連携協力できる事業があると考えます。

（2）社会教育施設である図書館

　平成13年（2001年）12月12日に公布・施行された、「子どもの読書活動の推進に関する法律」という法律があります。この法律が制定された趣旨は第2条に（基本理念）として、「**子ども（おおむね18歳以下の者をいう。）の読書活動は、子どもが言葉を学び、感性を磨き、表現力を高め、創造力を豊かなものにし、人生をより深く生きる力を身に付けていく上で欠くことのできないものであることにかんがみ、すべての子どもがあらゆる機会とあらゆる場所において自主的に読書活動を行うことができるよう、積極的にそのための環境の整備が推進されなければならない。**」となっており、毎年、4月23日は「子ども読書の日」（第10条）になっています。

　また第8条において、政府は子どもの読書活動を推進するために、「子ども読書活動推進基本計画」を策定し、国会に報告するとともに公表することになっています。

　最近では平成30年（2018年）4月20日に閣議決定をした、「子どもの読書活動の推進に関する基本的な計画（第4次）」として、

国会に報告し、公表されています。

　この基本計画はおおむね５年で、見直しをされています。この活動を推進する役割を担っているのが、家庭、**図書館**、学校等（幼稚園、保育所、小学校、中学校、高等学校など）です。そして活動の推進の中心になっているのが、学校図書館と社会教育施設である図書館です。

　学校図書館は学校に附属する図書館又は図書室であり、「学校図書館法」（昭和28年８月８日公布）に基づいて設置されています。

　図書館は、社会教育法に基づいた「図書館法」（昭和25年４月30日公布・施行）により設置された社会教育施設です。

　学校図書館を除き、地域にある図書館については、地域住民が社会教育施設であるという認識があるかどうかを別にして、誰でも知っている施設と考えます。

　現在では多くの図書館に子どものための、児童書のコーナーが充実しており、保護者と幼児、小学生等に利用されています。またボランティアの協力等による「読み聞かせ」などの事業も活発に行われています。また学習コーナーを設け、若い人から高齢者まで多くの人に利用されています。更に図書の貸出予約はパソコン、スマホ等で、返却は休館日であっても返却ボックスで出来るなど利用者（学習者）に対する利便性が高まっています。

　それでは「図書館とは何か？」、「何のために設置されているのか？」について法令から、設置根拠、その目的と定義等についてみていきます。

　図書館法では第１条に設置の目的として、「社会教育法の精神に基づき、図書館の設置及び運営に関して必要な事項を定め、その健全な発達を図り、もって**国民の教育と文化の発展に寄与**することを目的とする。」となっており、定義については第２条で「図書館とは、**図書、記録その他必要な資料を収集し、整理し、保存して、一般公衆の利用に供し、その教養、調査研究、レクリエーション等に資することを目的とする施設**で、地方公共団体、日本赤十字社又は一般

社団法人若しくは一般財団法人が設置するものをいう。」となっています。

　条文の２項には地方公共団体が設置する図書館を公立図書館、その他を私立図書館ということが定められています。学校図書館については前述した通りです。

　また第３条に（図書館奉仕）として「図書館は、図書館奉仕のため、土地の事情及び一般公衆の希望に沿い、更に**学校教育を援助し、及び家庭教育の向上に資することとなるように留意**」することとなっており、続いて１号から９号までに実施内容が定められています。

　公立図書館は第17条において「入館料その他図書館資料の利用にいかなる対価をも徴収してはならない」としています。（私立図書館ついては第28条において入館料等を徴収することができます。）

　図書館は平成30年（2018年）10月１日現在の調査によれば、全国に3,360館設置されています。10年前の平成20年（2008年）には3,165館ですから、10年間で195館が増えています。また平成29年度（2017年度）間の登録者数は、3,379万1,030人が利用のために登録をしており、その図書貸出数は、6億5,378万8,544冊となっています。前述した調査によれば、3,394館となっており、３年間で34館増えています。ただし利用者数は前述した通り、コロナ禍の影響で前回に比べ大幅に減少した数字になっています。コロナ禍にあっても館数、登録者数ともに増加しており、地域社会住民への学習支援、情報提供のセンターとして、また地域社会の活性化のために、なくてはならない社会教育施設となっています。

　また最近では、子どものための「子ども図書館」も設置されています。

　今後は地域社会の状況と住民の多種多様な学習への要望に対応した機能の充実・拡大に対応した施設（設置場所を含め）を設置・改修していくことが求められます。

　図書館は子どもから大人まで利用されており、地域社会を支え、活性化するためになくてはならない社会教育施設です。

　地域社会の教育力を高め、「地域づくり」を振興するためには公民館、学校、博物館等の関係施設とより一層連携協力していくことが必要です。

【国立国会図書館】

　国立国会図書館の設置根拠は、国会法第130条で規定されています。そして同法に基づき国立国会図書館法があります。この法令において、日本国内で出版されたすべての出版物を蒐集・保存することになっており、法令の第2条で国会議員の職務の遂行に資するだけではなく、行政及び司法、日本国民に対して法律の規定する図書館奉仕を提供することになっています。

　施設は第3条において、中央の図書館として東京本館（付属の国会分館を含む）と関西館（京都府）があり、支部図書館として国際子ども図書館、最高裁判所図書館他、各府省庁の行政機関に置かれた図書館があります。

　大事なことは、国立国会図書館には国会、行政・司法へのサービスだけではなく、一般利用者（国民）へのサービスがあるということです。一般利用者は直接来館して利用することも、身近にある公立図書館など通じたサービスを受けることができるとともに、インターネットを通じた電子図書館サービスを利用することも可能になっています。

　なお一般利用できる国立国会図書館と同様に「国立公文書館」も学習者にとって有意義な施設です。

（3）社会教育施設である博物館

　博物館は誰もが知っており、子どもから大人まで馴染みのある社会教育施設です。現在、多くの博物館は企画展・特別展以外の常設展においても、利用者（入館者）がわかりやすい、展示、説明（キャプション）等がされており、順路（動線）においても観やすいように工夫されています。また教育事業・イベントも積極的に普及活動する博物館も増えてきました。

　博物館は社会教育法第9条において社会教育施設として定めら

れ、同法に基づいて、昭和26年（1951年）12月1日に「博物館法」
が公布されました。

　この法律の第1条には、設置の目的として、「**社会教育法の精神
に基づき、国民の教育、学術及び文化の発展に寄与することを目的
とする**」となっています。

　次に第2条で博物館の定義として「歴史、芸術、民俗、産業、自
然科学等に関する**資料を収集し、保管（育成）し、展示して教育的
配慮の下**に一般公衆の利用に供し、その教養、調査研究、レクリエー
ション等に資するために必要な事業を行い、併せてこれらの資料に
関する**調査研究**をすることを目的とする機関」と定めています。

　つまり博物館は教育、学術及び文化の発展に寄与することを目的
として、その活動は「**資料の収集・保管・調査研究・展示・教育普
及**」となっています。

　次に設置者については公民館、図書館、独立行政法人を除き、地
方公共団体が設置する「公立博物館」と一般社団法人、一般財団法人、
宗教法人又は政令で定める法人（施行令で日本赤十字社、日本放送
協会）が設置する「私立博物館」で登録されたものとなっています。

　そして都道府県教育委員会に登録された施設を「登録博物館」、
国又は独立行政法人が設置する施設、その他の施設で都道府県教育
委員会が指定した施設を「相当施設」としています。それ以外は「類
似施設」としています。

　因みに「国立歴史民俗博物館」、「国立民族学博物館」という「博
物館」の名称を付けた施設がありますが、この施設は国立大学法人
法に定められた大学における学術研究のための「大学共同利用機関
法人」であり、博物館法の対象ではありません。

　日本では「博物館」と「美術館」という用語で分けて使われてい
ますが、法令上は同じ博物館です。「社会教育調査」では博物館を
種類別に「総合博物館」（人文科学と自然科学に関する資料）、「科
学博物館」、「歴史博物館」、「美術博物館」、「野外博物館」、「動物園」、
「植物園」、「動植物園」、「水族館」として区分しています。

　博物館の現状は調査（平成 30 年 10 月 1 日現在）によれば施設数
1,286 館（類似施設を除く）となっています。そのうち歴史博物館
は 470 館、美術博物館は 453 館で歴史・美術分野で全体の約 7 割と
なっています。10 年前の平成 20 年では 1,248 館ですから、微増で
すが増えています。

　なお令和 3 年度の調査は 1,305 館となっており、3 年間で 19 館
増えています。ただし利用者数は公民館、図書館と同様にコロナ禍
の影響で、大幅に減少した数字になっています。

　また利用者数は 1 年間（平成 29 年度間）で延べ 1 億 4,245 万 6
千人となっており、平成 19 年度間は延べ 1 億 2,416 万 5 千人であ
り 10 年前に比べて、大幅に増えています。また類似施設も入れる
と 1 年間で延べ 3 億人以上が利用されています。

　博物館は新たな資料の増加、展示・教育普及の工夫などにより、益々
利用者は増えていくことと考えます。今後は歴史と文化を伝える、
社会教育施設として更なる充実振興が求められています。

　特に次代を担う子どもたちへの学習の場としての活動が期待され
ています。

　ただ大きな課題の一つは博物館を所管している文科省の組織改編
です。前述しましたが、社会教育施設は社会教育局時代から生涯学
習政策局までは「社会教育課」が所掌していましたが、平成 30 年
（2018 年）には生涯学習政策局から総合教育政策局になり社会教育
行政全体を所掌する社会教育課はなくなりました。そして「博物館」
については文化庁に移行しました。文部科学省設置法も改正され、
文化庁の任務及び所掌事務として「博物館による社会教育の振興を
図る」とされました。したがって博物館による社会教育の振興は文
化審議会で調査審議することになっています。

　社会教育全体の中での博物館については、中教審の生涯学習分科会
で調査審議するのかどうかの所掌の棲み分けと社会教育全体を俯瞰し
て、企画調整をどこが行うのかが今後の大きな課題かと考えます。

　また社会教育行政を効率的・効果的に推進するためにも社会教育

施設、社会教育指導者等の社会教育行政全体を俯瞰する部署が必要かと考えます。総合教育政策局の地域学習推進課が社会教育行政全体の企画調整をすることになっていますが、今後益々他省庁との連携協力が必要となる社会教育行政においては、省内において所掌事務を分散させることは、その振興を妨げる又は遅らせることにならないか懸念されるところです。

　博物館においても図書館と同様に、公民館、図書館、学校等と連携協力して教育普及活動を更に推進していくことが求められています。したがって社会教育施設としての博物館の役割と責任も、益々重要になっています。

【博物館の設置】

　博物館は、博物館法により登録博物館と博物館相当施設があり、それ以外には博物館と同種の事業を行っており、登録又は相当施設の指定を受けていない施設である博物館類似施設があります。

　登録博物館は、設置主体が地方公共団体、一般社団法人又は一般財団法人、宗教法人、政令で定める法人（日本赤十字社、日本放送協会）であり、都道府県教育委員会に登録した博物館です。

　職員は館長・学芸員は必置となっており、法に規定する目的を達成するために必要な職員を有することになっています。また年間開館日数が150日以上となっています。

　博物館相当施設は設置主体についての制限はありませんが、指定の主体は、国又は独立行政法人が設置する施設については文部科学大臣が、それ以外の施設は都道府県教育委員会が指定することになっています。

　現在、文化庁が所管している独立行政法人である博物館（美術館）は博物館相当施設になります。管理運営については、学芸員に相当する職員の必置、年間会館日数が100日以上になっています。

　社会教育施設としての博物館として、登録又は相当施設の区分の内容が現状に合っているのかどうか検証することが求められます。

（4）その他の社会教育（関係）施設

　これまで法律で明確に規定されている公民館・図書館・博物館について述べてきましたが、それ以外の社会教育施設は社会教育法の第5条に定められている（市町村の教育委員会の事務）および「地方教育行政の組織及び運営に関する法律」の第21条の（教育委員会及び地方公共団体の長の職務権限）に定められた事項に基づいていると考えます。「社会教育調査」においては上記以外に種別区分として、青少年教育施設、女性教育施設、社会体育施設、民間体育施設、劇場・音楽堂等、生涯学習センターを総称して社会教育関係施設としています。

　「社会教育施設とは何か」という明確な定義がないため、あるいは社会教育施設であるための要件・条件等が明確になっていないため、このようになっているかと考えます。

　そのため調査統計等においては社会教育施設ではなく社会教育関係施設としているかと考えます。更に前述した「社会教育」と「生涯学習」の意義・目的等が法令等において明確になっていないため、設置者である教育委員会等において誤解と混乱が生じ、「生涯学習施設」、「生涯学習関連施設」などの諸々の施設名になり、何を目的として設置されているのか、益々理解しにくい状況になっていると考えます。

　社会教育施設については社会教育法第4条に基づき、国から施設整備費補助としての国庫補助金制度がありました。昭和60年度（1985年度）に交付金制度として必要経費の一部を交付することになりました。

　その後平成9年度（1997年度）限りで交付金については廃止され、平成10年度（1998年度）からは一般財源化して、地方交付税において措置されました。

　つまり国から地方公共団体への実質的な財政的援助はなくなりました。このことは「社会教育」の振興として、新たな役割を求められていた公立社会教育施設の振興に大きな影響があり、その後の最

も大きな課題になりました。

　特に社会教育活動の中核となる公民館が衰退したことは、地域社会の教育力と活性化を大きく減退させた主要因と考えます。

　「社会教育施設とは何か」を考えた場合、「**社会教育施設は、社会教育法の目的（第1条）・定義（第2条）に基づいて、社会教育活動をする施設である。**」ということを理念の基本として、法令に基づき、今まで70年間以上の地方公共団体の活動の取り組み、審議会等の答申などから、社会教育施設であるための要件・条件を現状を踏まえて検討し、社会教育施設である根拠を法令等で明確にすることが必要かと考えます。社会教育施設の再構築が求められます。

【高齢社会対策基本法と高齢社会白書】　　　　　　　　（内閣府）

　高齢社会対策基本法（平成7年（1995年）11月15日）は、前文及び第1条（目的）において、我が国の急速な高齢化の進展により、経済社会の変化と国民生活への広範な影響を及ぼしている状況に対処して、高齢者が安心して暮らせる社会の形成とすべての国民が安心して暮らすことができる社会を目的としています。

　その内容は基本的理念を定め、国及び地方公共団体の責務等を明らかにするとともに、高齢社会対策の基本となる事項を定めること等を定めています。

　教育関係においては、第11条の（学習参加及び社会参加）において、「**国民が生きがいを持って豊かな生活を営むことができるようにするため、生涯学習の機会を確保するよう必要な施策を講ずるものとする。**」（1項）としており、2項には「**活力ある地域社会の形成を図るため、高齢者の社会的活動への参加を促進し、及びボランティア活動の基盤を整備するよう必要な施策を講ずるものとする。**」と定めています。

　高齢者への学習情報提供等と支援において、社会教育の充実振興が求められます。

　高齢社会白書は、高齢社会対策基本法の第8条に基づき、平成8年（1996年）から毎年、国会に提出している年次報告書であり、高齢社会白書として公表されています。

　　高齢者についての定義はありませんが、内閣府・厚生労働省等
の施策から65歳以上を高齢者としています。なお国連の世界保健
機関（WHO）の定義は、65歳以上を高齢者として、65歳から74
歳までを前期高齢者、75歳以上を後期高齢者としています。
　　「令和4年版高齢社会白書」には、「社会活動への参加について」
のアンケート回答が載っており、65歳以上の51.6％が社会活動に
参加しており、**社会活動への参加した人の健康と生きがいが関係**
していることがわかります。今後の社会教育行政を推進していく
ための基本理念になると考えます。

3.　社会教育を振興する専門的・指導的職員とは

　社会教育法に規定されている社会教育の専門的・指導的職員は社
会教育主事及び社会教育主事補（第9条の2）、社会教育委員（第
15条）、公民館主事（第27条）です。

　また図書館法で定められている司書及び司書補（第4条）、博物
館法で定められている学芸員及び学芸員補（第4条）も社会教育に
おける専門的・指導的職員です。

　その他青少年教育施設等においても専門的・指導的職員が置かれ
ていますが、ここでは法令に定められた専門的・指導的職員を中心
にみていきます。

（1）社会教育委員

　社会教育委員という言葉を聞いたことはなく、何をしている人か
知らない人は多いかと思います。

　社会教育委員制度は、文科省の説明では「社会教育行政に広く地
域の意見等を反映させるため、教育委員会の諮問機関として設けら
れた制度」となっています。

　社会教育委員は行政と地域住民を繋ぐ役割を果たす、教育委員会
から委嘱された人です。

社会教育委員は社会教育法によれば「都道府県及び市町村に社会教育委員を置くことができる。」（第15条）となっており、その2項で「社会教育委員は、教育委員会が委嘱する。」となっています。ただし必置ではありません。

　委嘱の基準（定数、任期、その他の必要事項）は第18条で地方公共団体の条例で定めることになっており、その場合は文部科学省令で定める基準を参酌することになっています。

　社会教育委員の職務内容は第17条1項で
「社会教育に関し教育委員会に助言するために
　1．社会教育に関する諸計画を立案すること。
　2．定時又は臨時に会議を開き、教育委員会の諮問に応じ、これに対して、意見を述べること。
　3．職務を行うために必要な研究調査を行うこと。」
となっています。

　また2項で「教育委員会の会議に出席して社会教育に関し意見を述べることができる。」としています。

　更に3項では市町村の社会教育委員に「当該市町村の教育委員会から委嘱を受けた**青少年教育に関する特定の事項**について、社会教育関係団体、社会教育指導者その他関係者に対し、助言と指導を与えることができる。」としています。

　ここで注意することは助言と指導を与えることは、あくまでも相手の求めに応じることが前提です。

　社会教育委員の現状は、調査（平成30年10月1日現在）によると、社会教育委員を設置している都道府県・市町村（組合を含む）教育委員会数は1,718となっており、都道府県・市町村の全体の教育委員会数は、1,792になっていますから、74の教育委員会が未設置（設置が任意のため）となります。

　また社会教育委員数は全体で1万9,241人であり、その構成は社会教育関係者が一番多く、次いで学識経験者、学校教育関係者、家庭教育の向上に資する活動を行う者、その他条例定める者の順に

なっています。

　令和5年3月に公表された調査では、委員数は1万8,951人となっています。前回からの減少原因がコロナ禍により、どの程度影響があったかは明確ではないため、今後調査・分析する必要があると考えます。

　社会教育委員については、平成4年（1992年）5月27日に社会教育分科審議会から「社会教育委員制度について（報告）」がだされました。その副題には「社会教育委員及び同委員の会議の活性化について」となっており、その内容は制度の経緯、設置、会議の職務と運営等、組織、研修、生涯学習との関係について報告されています。特に「組織について」は「社会教育委員の選任に当たっては、社会教育に関心と熱意を有する社会教育委員にふさわしい人材の確保に努める必要がある。その際、社会教育委員の構成については、比較的年齢の若い人や女性の登用に留意するとともに、社会の変化や多様化・高度化する学習ニーズに対応するため、地域の状況に応じ、民間教育事業者、マスコミ関係者、大学等関係者、企業関係者、ボランティア活動関係者等広く各分野から選任すべきである。」としています。

　更に地域社会の実情にもよりますが、青少年教育関係者、社会福祉関係者（特に子ども家庭福祉関係者）も選任の対象になることが考えられます。

　次に「会議の運営等について」は「今日の社会の急激な変化に伴い、地域住民の学習ニーズも多様化・高度化しており、これに適切に対応するためには、社会教育委員の会議が活発に開催され、充実した審議が行われなければならない。」としています。

　年間に数回の会議ではなく、定期的に会議を開催して、必要に応じて臨時会あるいは課題別の小委員会を開催するなど「その活動を活発化させ、社会教育の様々な課題に適切に対応していくことが求められる。」としています。

　また「地域において、公民館、図書館、博物館等が各種の社会教

育事業を実施しているが、社会教育の振興のためには、教育委員会とこれら社会教育施設が一体となって施策の展開を図ることが必要である。」としており、そのために各社会教育施設の諮問機関である委員会と連絡・調整を図ることをあげています。

更に今後求められることは、各社会教育施設の指導者等との会議、連携協力する機関（例えば社会福祉関係機関）等との会議も考えられます。

「研修について」は「社会教育委員が適切にその責務を果たすためには、地域の生涯学習の現状や当面する社会教育行政の課題等に関する十分な理解を有することが必要」となっています。

教育委員会は社会教育委員を委嘱する時に全委員に一定期間の研修を行うことが必要かと考えます。できれば各都道府県教育委員会が当該市町村合同による研修、あるいは近隣市町村合同による研修など研修会の実施内容を工夫することが必要であると考えます。

また研修には、「社会教育」の現状と課題を理解するために、教育及び社会教育に関する法令、国・地方公共団体の審議会等の答申内容、国の「教育振興基本計画」の内容、社会教育指導者等及び公立社会教育施設の現状と課題等について研修内容に入れることが必要であると考えます。

更に社会教育委員には、教育委員会が定期的に社会教育施設あるいは関係機関（児童施設等）の実態調査、関係者からの意見等を聴く、機会を実施することが必要かと考えます。

（2）社会教育主事

社会教育主事は、教育委員会に置かれている「社会教育」における専門的・指導的職員です。

同じく教育委員会に置かれている、学校教育に関わる指導主事とともに、「教育公務員特例法」（昭和24年（1949年）1月12日公布・施行）の第2条では「専門的教育職員」となっています。

社会教育主事は、社会教育法第9条の2で「都道府県及び市町村

の教育委員会の事務局に、社会教育主事を置く。」となっており、その２項には「社会教育主事補を置くことができる。」（社会教育主事補は社会教育主事の職務を助ける）となっています。

ただし社会教育法制定時は社会教育主事に関する条項はなく、昭和26年（1951年）の法改正で、社会教育主事についての規定が設けられました。当時は、都道府県は必置であり市町村は任意設置でした。

その後昭和34年（1959年）の法改正によりと都道府県及び市町村とも必置になりました。（人口１万人未満の町村においては当分の間猶予、社会教育主事補は任意設置）そして昭和57年（1982年）に法改正があり、都道府県及び市町村における社会教育主事補はすべて任意設置になりました。

社会教育主事の職務内容は同法第９条の３で、「社会教育を行う者に**専門技術的な助言を与える（ただし、命令及び監督をしてはならない）とともに学校が社会教育関係団体、地域住民その他の関係者の協力を得て教育活動を行う場合には、その求めに応じて、必要な助言を行うことができる。**」としています。

社会教育主事の資格については第９条の４に定めていますが、基本的には「社会教育主事講習等規程」（昭和26年６月２日省令）による講習を受講し、修了することになっています。ただし社会教育主事は都道府県・市町村の教育委員会の発令によることになっているため、「任用資格」になります。

そのため令和２年（2020年）に上記の講習等規程が改正され、第11条に講習等の学習成果を地域社会に活かされることを目的として、講習修了者又は修得すべき科目の単位を全て修得した者に「社会教育士」と称することができることになりました（文科省ホームページ参照）。

社会教育主事制度は、前述した通り３回の法改正で整備されてきましたが、市町村においては予算がない、教育委員会の定員削減、人材確保が難しいなどの理由により、社会教育主事を設置すること

が困難でした。

　そのため文部省（現文部科学省）は昭和49年（1974年）に都道府県教育委員会から未設置の市町村に社会教育主事を派遣する「派遣社会教育主事」制度を創設して、都道府県に対して国庫補助（人件費補助）を行いまいした。

　その後社会教育施設と同様に昭和60年（1985年）に必要経費の一部を交付金とする制度に改正し、平成10年（1998年）には一般財源化として、地方交付税として措置することになり、実質的に廃止になりました。

　そのため都道府県における派遣社会教育主事制度は縮小あるいは廃止となり、派遣社会教育主事の数が年々減少しているのが現状です。

　平成25年（2013年）9月に中教審生涯学習分科会が「社会教育推進体制の在り方に関するワーキンググループにおける審議の整理」をとりまとめました。

　その中の「社会教育主事の在り方について」の章で社会教育主事について**都道府県及び市町村の社会教育行政の中核として**、専門的・技術的な助言と指導を通じて、地域人材を育成するとともに、それらの地域人材と地域住民をつなげることによって、**人々の自発的な学習活動を援助する上で重要な役割を果たしてきた。**」としながら、現状として、法律上必置となっているが、社会教育主事の発令がされていない、有資格者が担当課にいないなどにより、地方自治体の設置率が年々減少し、社会教育主事の数も激減していることが明らかになりました。

　その要因として、行財政改革による人件費の削減、市町村合併による市町村数の減少をあるとしながら、問題は「**社会教育主事についてその役割が見えにくいこともあって、首長を含めて必ずしも行政組織内や地域で適切に評価されていないことにある。**」としています。その上で社会教育主事の必置の必要性をあげています。

　そして「社会教育主事の今後の在り方」、「社会教育主事の資質・

能力を養成する仕組みの構築」、「社会教育主事資格の活用」について提言されています。

　社会教育主事の数は平成30年度（2018年度）の調査によれば都道府県・市町村教育委員会で1,681人です。10年前の平成20年度は3,004人となっており、40％以上も減少しています。そのため法的必置とされていても、設置率も年々低くなり、特に人口が少ない市町村では未設置のところが増えています。

　令和3年度調査では、社会教育主事数は1,451人となっており、平成20年と比較して、50％以上減少しています。

　平成30年から令和3年までの減少原因がコロナ禍による財政状況からの定員減かどうかは詳細に調べる必要がありますが、今後、社会教育主事、公民館主事などの指導系職員を経常的に削減していくことは、「社会教育」の振興にとって重要な問題です。

　因みに平成30年の社会教育主事の配置は、1県当り35人、令和3年は30人になっており、この状況では法令に定める、社会教育主事としての職務（役割）を果たすことは、たいへん厳しい現況であると考えます。

　社会教育主事制度の課題と対応は、これまで審議会等の答申又は報告で提言されていますが、ここでは二つの重要な点を述べたいと思います。

①　社会教育主事が法律で都道府県・市町村教育委員会に必置（第9条の2）となっていることに基づき、国は設置率100％（特に市町村）を目指すことが責務と考えます。

　そのためには社会の状況、地方公共団体の現状と実態の問題・課題を明らかにして、まず社会教育主事数が現状で一体何人が必要であるか算定して、今後の社会教育行政の振興計画を策定していくことが必要です。

　その際、派遣社会教育主事制度をどうするのか、新たな制度とするのか等も視野に入れていくことが求められます。

　また前述しましたが、現在、法律の第4条における国から地方

公共団体への補助金等の財政的援助はありません。

　社会教育主事制度が衰退している主な要因は人件費等の財政的措置を地方公共団体ができないことによると考えます。

　社会教育主事は社会教育行政を振興するために、中核となる専門的教育職員です。社会教育の再構築をするためには、施設の基盤整備と指導者の養成と配置は必須です。そのために国から地方公共団体への財政的援助・措置が必要です。

②　次に社会教育主事の養成における問題・課題です。社会教育主事講習等規程には、第2条で講習の受講資格を定めており、第3条で受講科目を「生涯学習概論」、「生涯学習支援論」、「社会教育経営論」、「社会教育演習」の4科目としています。

　その中の生涯学習概論の内容が「生涯学習及び社会教育の本質について理解を図る」ということになっていますが、「社会教育」の理解を深めるためには、「生涯学習概論」と「社会教育概論」と別にして科目・単位設定することが必要であると考えます。つまり「生涯学習」と「社会教育」の、それぞれの定義・目的等を、まず理解することが必要と考えるからです。

　既存のままであるならば、「生涯学習・社会教育概論」として、定義・目的等の誤解を生じないように、それぞれの意義と役割を明確にすることが必要です。

　また「社会教育」は教育基本法により教育の一翼を担っていますので、「教育原論」の科目を入れることが求められます。

　因みに子ども家庭福祉分野の「保育士」の資格試験の受験科目にも「教育原論」が入っています。

　社会教育主事の資質の向上、専門性を高めるためには、養成から、常に社会の状況の変化に対応した、必要な科目を導入していくことが必要です。

　また社会教育を推進するためには、地域社会の実態を把握するための実務経験が求められます。資格付与においては「社会教育実習」の在り方を検討することも必要かと考えます。

　社会教育（行政）を充実振興していくためには、社会の変化に対応した社会教育行政の体制・内容について改革していくことが常に求められます。つまり社会教育主事の質的向上のための養成内容の改善と全ての教育委員会への社会教育主事の配置が必要と考えます。

（3）社会教育指導員

　法令には定められていませんが、社会教育活動に大きな役割を果たした、あるいは果たしている、社会教育指導員についてみていきます。

　社会教育指導員は社会教育委員、社会教育主事以上に馴染みのない言葉かと思います。平成30年度（2018年度）の調査によると全国で3,413人（うち市は2,526人）となっており、現在、ほとんどの教育委員会が制度を廃止している状況です。

　令和3年度調査では、社会教育指導員数は2,841人（うち市は2,077人）になっています。これだけ激減した要因は財政措置以外に指導員の定義と活動目的、養成制度、評価（成果）等が明確になっていないことが大きいかと考えます。

　社会教育指導員制度には前述した通り法的根拠はありませんが、「46答申」の「社会教育行政の重点」として「社会教育のための施設と指導者は、社会教育振興の基盤であり、その飛躍的充実が図られる必要がある。」として「指導者については、**民間指導者を発掘し、**また社会教育行政職員を増員し、その資質の向上を図るなどして、指導者層の大幅な拡充を図るべきである。」ことを踏まえて、昭和47年（1972年）にこの制度が発足しました。

　社会教育指導員は、行政と地域社会の住民を繋ぎ、社会教育活動を通じて地域の教育力を高め、「地域づくり」に大きな役割を果たしてきました。また現在も果たしています。

　そして国はこの制度を社会教育振興のために重要であると考え、全国の社会教育指導員に対して国庫補助（人件費補助）を措置して

いました。

　社会教育指導員には、退職教員が多く、またその他の職業の退職者が多かったため、給与費というよりも謝金又は活動費に近い、人件費補助でした。

　その後、多くの教育委員会において、社会教育指導員制度が衰退あるいは廃止された要因は、国・地方公共団体の財政問題であり、前述した「派遣社会教育主事制度」と同様の経過を辿りました。

　今後の社会教育振興には審議会等の答申から、社会教育行政が学校、他の行政機関、民間事業者（企業等）、NPO・団体等との連携協力（協働）するネットワーク行政が強く求められています。

　前述した社会教育主事講習等規程を令和2年（2020年）に改正して、「社会教育士」を設けたことは、社会教育指導員制度が社会教育振興の推進に、大きな役割を果たしたことを明らかにしています。

　特に学校教育について理解されている、退職教員が社会教育指導員になったことは、学校と地域社会を繋ぐ、大きな役割を果たした（果たしている）と考えます。今後は退職教員だけではなく、社会福祉経験者など幅広く、参画意識の高い人が、社会教育の推進を通して、「地域づくり」のために、地域社会に貢献していくことが求められます。そのためには社会教育指導員制度を再構築していくことが必要になります。

　社会教育振興の基盤を形成していくためには、社会教育活動を推進するための人材の育成と人材の活用が必要になります。

　人生経験（職業経験等）から知識・技術がある高齢者（退職者）から学生等の若い人まで、地域社会の人が連携協力して、「地域づくり」を推進して、地域社会の教育力を高めて、地域社会を活性化していくことが、社会教育の振興に繋がります。

（4）公民館主事

　公民館の指導的職員である公民館主事は、社会教育法第27条1

項に「公民館に館長を置き、主事その他必要な職員を置くことができる。」となっており、３項で「主事は、館長の命を受け、公民館の事業の実施にあたる。」となっています。

　そして第 28 条で市町村が設置する公民館の館長、主事その他必要な職員の任命は、市町村教育委員会が任命（特定地方公共団体にあっては、当該市町村の長）することと定められています。

　「公民館主事」には社会教育主事のような資格を付与するための講習会等はありません。ただし公民館主事となる要件は、社会教育法第 23 条の２に基づいた、「公民館の設置及び運営に関する基準」（平成 15 年（2003 年）６月６日、文部科学省告示）の第８条２項で「公民館の館長及び主事には、**社会教育に関する識見と経験を有し、かつ公民館の事業に関する専門的な知識及び技術を有する者**をもって充てるように努めるものとする。」となっています。

　公民館主事の数（類似施設の指導系職員を含む）は平成 30 年度（2018 年度）の調査で１万 2,334 人（類似施設を含む）となっています。公民館施設の減少等により、年々減少しているのが現状です。

　令和３年度調査では、公民館主事数（類似施設の指導系職員を含む）は 11,795 人になっており、減少の要因は公民館数の減少に伴う人員の減少かと考えます。

　ただし平成 30 年の公民館主事の配置は、１館当り 0.8 人であり、令和３年も 0.8 人という１人にも満たない状況になっています。

　これでは法令に定める公民館事業を実施することは出来ず、公民館の目的を果たすことができない状況になっていると考えます。

　公民館は社会教育を充実振興するために、中心となる社会教育施設であることは前述した通りです。その専門的・指導的職員である公民館主事に社会教育主事のように資格付与の講習会等もなく、したがって具体的に明示された資格要件もないということが、一番の問題・課題かと考えます。

　専門性・指導性の具体的な内容を法令等により、明確にすることが必要です。このことは館長にも当てはまります。

また法令において「できる」「努める」という努力義務規定になっていますが、館長・公民館主事については、その役割と責務から職務内容を明確にして、必置とすること求められます。

　そのためには館長・公民館主事について、「専任として発令されているのかどうか」、「職務内容がどうなっているのか」、「研修等の有無、地域社会の住民等の意見・要望などについて」、教育委員会が実態調査をして、問題・課題を明らかにすることが、まず必要になります。そして国及び地方公共団体が役割を分担して、施策を抜本的に改善・実行することが求められます。

（5）図書館司書

　図書館司書は図書館法第４条で定められている、図書館の専門的職員です。

　公立図書館にあっては、同法第13条で図書館司書を置くことになっています。その資格要件は同法第５条で「大学を卒業した者で大学において文部科学省令で定める図書館に関する科目を履修したもの」あるいは司書の講習を修了した者となっています。

　図書館司書（司書補は司書の職務を助ける）の職務内容は同法第３条の（図書館奉仕）において、「図書館は、図書館奉仕のため、土地の事情及び一般公衆の希望に沿い、更に**学校教育を援助し、及び家庭教育の向上に資する**こととなるように留意し」を前提に
①図書館資料（図書、記録、視聴覚教育の資料等）の収集と一般公衆への利用、②図書館資料の分類と目録の作成、整備、③利用者のための相談と図書館資料の貸出・返却事務、④他の図書館、国立国会図書館、地方公共団体の議会に附置する図書室、学校に附属する図書館（図書室）との連携協力、⑤読書会、研究会、鑑賞会、映写会、資料展示会等を主催し、これらの開催を奨励、⑥時事に関する情報及び参考資料を紹介、提供、⑦社会教育における学習の機会を利用して行った学習の成果を活用して行う教育活動その他の活動の機会を提供と奨励、⑧学校、博物館、公民館、研究所等との緊密な

連携協力、など多岐に渡っています。

　図書館司書の数（同種施設を含む）は調査によると平成30年度（2018年度）では2万568人（司書補を含む）であり、年々館数が微増していることから、人数は増えていますが、図書館の新たな役割（事業等）が増えている中、その対応のためには、まだまだたいへん少ないのが現状と考えます。

　令和3年度の調査では、図書館司書数（同種施設を含む）は2万1,520人となっており、図書館数の増に伴って増加していると考えます。

　ただし図書館司書数においても、平成30年度は1館当り6人であり、令和3年度も6人となっており、法令で定める図書館奉仕の内容を実施していくことが、厳しい状況であると考えます。

　社会の状況は、情報化等の急速な進歩により、社会のシステム、人々の生活スタイルなどが大きく変化しています。図書館司書には常に新しい対応が求められており、更に「子どもの読書活動の推進に関する法律」（平成13年12月12日）の実現の役割も担っています。したがって今後、図書館司書の役割は益々多くなり、そのため、資質の向上（専門性の向上）が求められます。

　社会教育主事についても述べましたが、図書館司書講習においても、「教育原論」等の新たな科目を加えるとともに、「生涯学習概論」を「生涯学習・社会教育概論」にするか、別に「社会教育概論」を設けることが必要かと考えます。

　また高度化、専門化に対応するため、現在の「図書館司書」の専門性を高める上位の資格を設けることも必要かと考えます。

　図書館の重要性と役割については、「ユネスコ公共図書館宣言1994年」の中で「地域において知識を得る窓口である公共図書館は、個人および社会集団の生涯学習、独自の意思決定および文化的発展のための基本的条件を提供する。この宣言は、**公共図書館が教育、文化、情報の活力**であり、男女の心の中に平和と精神的な幸福を育成するための必須の機関である。」としています。

我が国においても、教育基本法及び社会教育法の精神にのっとり、「国民の教育と文化の発展に寄与する」としています。

　図書館の機能を充実、高度化していくためには、図書館司書の専門性を高めるとともに、今後の社会の状況を見据えた、図書館司書の配置が必要です。

（6）学芸員

　学芸員は博物法第4条3項に定められている、博物館の専門的職員です。そして4項においては、職務内容として、「学芸員は、博物館資料の収集、保管、展示及び調査研究その他これと関連する事業についての専門的事項をつかさどる。」となっています。

　また博物館には館長と学芸員は必ず配置することになっています。

　学芸員になるためには、試験認定又は審査認定（資格認定）により、学芸員として認定されます。

　博物館は、同法第1条による設置の目的として、「国民の教育、学術及び文化の発展に寄与する」こととしており、第3条に（博物館の事業）として1号から11号まで定められています。これらの事業を行なうのが、学芸員の職務内容になります。

　要約しますと、①博物館資料の収集、保管及び展示、②一般公衆に対して、博物館資料の説明、助言、指導等、③博物館資料の調査研究、④博物館資料の保管及び展示等に関する技術的研究、⑤博物館資料に関する案内書、解説書、目録、図録、年報、調査研究の報告書等の作成・頒布、⑥博物館資料に関する講演会、講習会、映写会、研究会等の主催と開催の援助、⑦当該博物館の所在地又はその周辺にある文化財保護法の適用を受ける文化財について、解説書又は目録を作成し、一般公衆の利用の便を図る、⑧社会教育における学習の機会を利用して行った学習の成果を活用して行う教育活動その他の活動の機会を提供し、その提供を奨励、⑨他の博物館、博物館と同一の目的を有する国の施設等との緊密な連携協力、⑩学校、図書

館、研究所、公民館等の教育、学術又は文化に関する諸施設と協力
し、その活動を援助、など図書館司書と同様に多岐に渡っています。

　学芸員の数は調査によると、平成 30 年度（2018 年度）において
5,695 人（学芸員補を含む）となっています。図書館と同様に、施
設が 10 年前と比較して微増していますので、それに伴い学芸員の
数も増えています。

　令和 3 年度の調査では、学芸員数は 5,350 人となっており、図書
館司書と同様に館数の増によって、学芸員数も増えていると考えま
す。

　学芸員数においても、平成 30 年度は 1 館当り 4 人、令和 3 年度
も 4 人となっており、公民館主事、図書館司書と同様に、法令で定
められた博物館事業を達成するのに、厳しい状況にあります。

　学芸員の資格認定においても、図書館司書養成と同じく、科目の
単位に「教育原論」を新たに、「生涯学習概論」を「生涯学習・社
会教育概論」か「社会教育概論」を別に設けることが必要であると
考えます。

　また学芸員の職務内容である「収集、保管、調査研究、展示、教
育普及」のそれぞれの内容について研修会・講習会等を実施して、
学芸員の質の向上、専門性を高めるとともに、展示、教育普及等の
分野別の専門資格を講習等により資格付与する新たな制度も必要か
と考えます。

　博物館については前述した通り、文部科学省の組織改革により、
所管が外局の文化庁になりましたが、博物館が社会教育施設である
ことを踏まえて、社会教育を振興する学芸員の在り方を関係部局が
連携して、社会の変化に対応する専門的職員を育成していくことが
求められます。

（7）その他の社会教育関係の指導者

　これまで法令に定められた、社会教育関係の専門的・指導的職員
である社会教育委員、社会教育主事、(社会教育指導員)、公民館主事、

図書館司書、学芸員についてみてきましたが、その他の社会教育関係施設である青少年教育施設、女性教育施設、社会体育施設、民間体育施設、生涯学習センター等にも、指導系職員が配置されています。

これらの指導系職員は採用後に、講習、研修を行っていても（採用は各地方公共団体又は各施設により異なっていると考えますが）資格及び資格要件がないため、あるいは明確になっていないため、当該職員の職務内容等が曖昧になっていると考えます。

いくつかの地方公共団体や青少年教育施設などでは講習会等により、「野外活動指導員」などの資格を付与して活動している施設もありますが、国及び地方公共団体の教育委員会は連携協力のもとに、地域社会の課題に指導・助言できる者の資格内容等を明確にして養成することが必要になっています。

そのためには教育委員会が中心となり、他の行政機関（社会福祉、警察、消防、環境など）、民間、社会教育活動をしている団体などと連携協力して講習規程等を新たに設け、資格のある指導者を養成することが求められます。

又は文科省が指導者の資格要件・基準を作成し、法令等で示すことも考えられます。

各地域の実態・実情により異なると思いますが、例えば（既に実施している地方公共団体もあるかと思いますが）「防火・防災教育指導員」、「防犯教育指導員」、「家庭教育相談指導員」、「環境教育指導員」、「交通安全教育指導員」、「健康・予防教育指導員」などの地域社会に密着した、資格要件をもった指導者の養成が考えられます。

いずれにしろ、地域住民の多種多様な学習への要望を踏まえて、指導者を養成・育成することは生活の課題、地域の課題、社会の課題に対応して、地域の教育力を高め、地域を活性化します。また現在、学校に対して過重になっている負担への支援・援助にもなります。そのためには大人が学ぶ（成人教育）環境づくりが求められます。

【社会教育施設の認知度】

　文科省は平成22年度（2010年度）の「生涯学習施策に関する調査研究」において、社会教育施設についてのアンケート調査を実施して公表しました。

　アンケートは大都市群（人口30万人以上）、中小規模都市群（人口3万人以上30万人未満）、農山漁村群（人口3万人未満）の住民を対象としています。

　調査内容の質問の中に「社会教育施設の認知度」があり、「施設の具体的な役割・活動内容を知っている」との回答は、公民館が39.8％、図書館が65.1％、博物館が25.4％でした。また「施設の存在は知っているが、役割・活動内容は知らない」との回答は、公民館が47.2％、図書館が26.2％、博物館が21.2％でした。いずれの質問の回答結果から、認知度は低い数値になっています。

　ただし平成28年（2016年）2月に内閣府政府広報室で実施した「教育・生涯学習に関する世論調査」結果内容から、「今後どのような場所や形態で生涯学習をしたいと思いますか。」の問いに対して、全体の最も多くの37.7％の人が「公民館や生涯学習センターなど公的な機関における講座や教室」と回答しています。

　また「人々の生涯学習をもっと盛んにしていくために、国や地方自治体はどのようなことに力を入れるべきだと思いますか。」の問いに対して、最も多くの40.6％の人が「生涯学習のための施設の増加（公民館や図書館、学校施設の開放など）」と回答しています。

4. 社会教育関係団体とは

　地域社会には諸々の設置形態に基づき活動をしている団体が多くあり、その中で社会教育活動を行っている団体を「社会教育関係団体」と称しています。社会教育関係団体という言葉もあまり認知されていないと考えますが、社会教育関係団体に関することは、社会教育法第10条から第14条に規定されていますので、まず関係条文

をみていきます。

・（社会教育関係団体の定義）第 10 条
　この法律で、「社会教育関係団体」とは、法人であると否とを問わず、公の支配に属しない団体で社会教育に関する事業を行なうことを主たる目的とするものをいう。

・（文部科学大臣及び教育委員会との関係）第 11 条
　文部科学大臣及び教育委員会は、社会教育関係団体の求めに応じ、これに対して、専門的技術的指導又は助言を与えることができる。
２．文部科学大臣及び教育委員会は、社会教育関係団体の求めに応じ、これに対し、社会教育に関する事業に必要な物資の確保につき援助を行う。

・（国及び地方公共団体との関係）第 12 条
　国及び地方公共団体は、社会教育関係団体に対し、いかなる方法によっても、不当に統制的支配を及ぼし、又はその事業に干渉を加えてはならない。

・（審議会等への諮問）第 13 条
　国又は地方公共団体が社会教育関係団体に対し補助金を交付しようとする場合には、あらかじめ、国にあっては文部科学大臣が審議会等で政令に定めるものの、地方公共団体にあっては教育委員会が社会教育委員の会議の意見を聴いて行わなければならない。

・（報告）第 14 条
　文部科学大臣及び教育委員会は、社会教育関係団体に対し、指導資料の作製及び調査研究のために必要な報告を求めることがで

きる。

　これらの条文から、まず社会教育関係団体とは、法人の設置根拠が法人であるかないかにかかわらず、公の支配に属さない団体で社会教育活動を行う団体としています。

　そして国又は地方公共団体（教育委員会）はあくまでも社会教育関係団体の求めに応じて指導、助言ができると同時に、不当に統制的支配や事業に干渉を加えてはならないとしています。

　第13条は昭和34年（1959年）の改正までは、憲法89条「公金その他の公の財産は、宗教上の組織若しくは団体の使用、便益若しくは維持のため、又は公の支配に属しない慈善、教育若しくは博愛の事業に対し、これを支出し、又はその利用に供してはならない。」の規定があり、そのため国及び地方公共団体は、社会教育関係団体に対して補助金を支出できないことになっていましたが、「教育の事業」に該当しない事業であって、公共性のある事業に対しては補助金を交付できるとされ、当時の文部省は全国規模の青年団、婦人会、PTA、ボーイスカウト、ガールスカウト、子ども会などの社会教育関係団体に補助金を交付してきましたが、平成20年度（2008年）に国は補助金制度を廃止、地方公共団体のいくつかは継続しているのが現状です。

　社会教育関係団体については社会教育審議会の「46答申」に「構成員の学習・向上を主とする団体」、「構成員の学習・向上とともに対外的な社会教育事業を行なう団体」、「もっぱら対外的な社会教育事業を行なう団体」の三つの型に分類しています。その他には「社会教育的要素を備えている団体」としています。

　しかし現在では、団体活動の多様化から社会教育関係団体を、この分類に分けるのは難しくなっています。団体の定款・規約等に社会教育活動を目的とすると書かれていても、一部の人を除き、ほとんどの団体の加入者（会員）も含めて、多くの人は、社会教育関係団体という言葉も、活動内容においても、社会教育活動あるという

認識がない又は関心がないというのが現状かと思います。逆に団体の目的に社会教育活動という言葉がなくても、社会教育活動といえる活動をしている社会福祉団体、NPO、ボランティア団体などの多様な団体が存在しています。

　したがって現状では「社会教育関係団体」を特定することは難しく、国及び教育委員会は団体から、社会教育に関する相談等があった場合は、社会教育活動であるかどうかを確認の上、指導・助言をすることが求められます。

　社会教育関係団体であるかどうかの基本的条件は、団体の定款、規約などに、「社会教育」を目的としていることが明記されていること、又は団体の活動実績が社会教育活動であることが確認されることが基本的な要件かと考えますが、現在、団体の設置形態が任意団体、一般社団法人・一般財団法人、公益社団法人・公益財団法人、NPO など多様になっていることから設置の目的も多種多様になっている現状においては社会教育関係団体であるかどうかを国・地方公共団体がすべての団体を掌握して認定することが難しくなっていると考えます。

　ただし現在、優遇税制を受けている公益法人、地方公共団体における補助金等の支援を受けている団体については、その団体の活動実績（成果）を検証して、毎年、国民に公表することが求められます。

　今後は社会の変化を踏まえて、社会教育関係団体の定義あるいは基準をより明確にするともに、国・地方公共団体と団体との連携協力のあり方を再検討し、地域社会の課題の対応を含めて、団体活動がより活力を発揮できるような施策を考えていくことが求められます。

【公益法人とNPO】

　公益法人は、公益を目的とする事業を行う法人です。公益法人制度改革により、民法が改正され、平成 20 年（2008 年）12 月 1 日に公益法人改革 3 法（一般社団法人及び一般財団法人に関する

法律、公益社団法人及び公益財団法人の認定等に関する法律及び公益社団法人及び公益財団法人の認定等に関する法律の施行に伴う関係法律の整備等に関する法律）が施行されました。

一般社団・財団法人は、剰余金の分配を目的としない、準則主義（登記）により簡便に法人格を取得できる法人です。

そして公益社団・財団法人は一般社団・財団法人のうち第三者委員会（民間有識者）による公益性の審査（公益目的事業を行うことを主たる目的とするなど）を経て、行政庁（内閣府又は都道府県）から公益認定を受けた法人です。公益社団・財団法人には税制上の優遇措置があります。

NPO（Non-Profit-Organization）は、特定非営利活動促進法（平成 10 年 12 月施行）により、ボランティア等の様々な社会貢献活動を行い、所轄庁（都道府県又は政令指定都市）から法人格を取得した団体を NPO 法人（特定非営利活動法人）としています。

そして NPO 法人のうちから一定の要件（住民の支援等）により、所轄庁から認定を受けた NPO 法人を認定 NPO 法人（認定特定非営利活動法人）としています。認定 NPO 法人は税制上の優遇措置があります。

一般社団・財団法人、公益社団・財団法人、NPO 法人、認定NPO 法人とも法人格を取得している団体は、その法人の設置目的・趣旨に沿って誠実に活動していくことが求められますが、最近では法人格を悪用しての不法行為をする法人、目的事業等の活動をしていない法人、名称のみの休眠状態の法人などの問題が生じています。特に公益社団・財団法人、認定 NPO 法人は税金の優遇措置を受けていますので、所轄庁は報告・検査を厳密に実施することが納税者に対する責任と考えます。

Ⅵ 「社会教育」とは？

1. 社会教育の意義と仕組み

　「社会教育」はその意義、仕組み等がわかりにくいため、共通理解が得られず、なかなか社会における教育議論の俎上にあがりません。

　学校教育については、全ての人が経験から学校における教育活動の場、内容等についてイメージとともに、基本的に理解されていることと対照的です。

　「社会教育」がなぜわかりにくいかを考えると、一つは子どもから大人までの学習者の学習の対象、目的が広範囲・多種多様になっていること。

　二つめは学習の機会の条件等が地域の多様性と地域社会の実情により、教育活動内容が一律ではないなどの要因があるかと考えます。

　そのためかどうかわかりませんが、「社会教育」については、社会教育法の公布から70年以上を経ていながら、教育を所管する文科省（文部省）の審議会等において調査審議されたことは少なく、また答申等がだされても、なかなか政策に繋がらないのが現状かと考えます。それでも、いくつかの答申等の内容から「社会教育」についての考え方、あり方、今後の役割等について述べられていますので、主要な答申内容についてみていきます。

○　昭和46年（1971年）4月30日社会教育審議会答申
「急激な社会構造の変化に対処する社会教育のあり方について」
　社会教育法公布以来、はじめて審議会で社会教育について審議された通称「46答申」のことです。

　また、この年の６月に学校教育について中教審から「今後における学校教育の総合的な拡充整備のための基本的施策について」の答申が出されています。この答申も「46答申」と言われています。

　社会教育についての「46答申」は昭和43年（1968年）７月に文部大臣から諮問を受け、約２年９か月かけて調査審議され、出された答申です。

　諮問の背景は経済成長や技術革新の進展により、「中高年齢層の人口の増大、人口の都市集中、核家族の傾向、国民の学歴水準の向上」などにより、その結果「ひとびとの物質的な生活の豊かさ、情報接触の幅の広がり、余暇時間の増加」になったことをあげています。

　しかし、その反面「個性の喪失、人間疎外、世代間の断絶、地域連帯意識の減退、交通災害、公害、自然の破壊」などの弊害を生じているとして、「これまでの社会教育の実績と問題点を明らかにしたうえで、今後における社会教育推進の基本方策を検討」した答申であるとしています。その中で「社会教育」の意義等を理解するための答申内容をみていきます。

「（社会の）激しい変化の中で、国民のひとりびとりは、その生涯の各時期に応じて新しい生活課題や学習要求をもつにいたり、あらゆる年齢階層を通じて、**たえず自己啓発を続け、人間として主体的に、かつ豊かに生き、お互いの連帯感を高めることを求めている**。したがって、**自己学習と相互教育の意欲を組織的に高め、また、その機会と場を豊富に提供する**社会教育への期待は、ますます増大している。」としています。そして（社会教育の意義）の項で社会教育活動について具体的に記されています。

①社会教育団体及び社会教育施設の活動等だけでは「これからの変化の激しい社会への期待にこたえることはできない。」として「今後の社会教育は、国民の生活のあらゆる機会と場所において行われる各種の学習を教育的に高める活動を総称するものとして、広くとらえるべきである。」としています。

②社会教育の対象は、「少年から老人（高齢者）まで」を、そのレベルは「日常的、基礎的なものからより高度なものまで」、方法は「個人学習から集団学習まで」、内容は「知的な面から体育・文化活動までを含む」としています。

③最後に「社会教育の範囲を広くとらえるといっても、いっさいの学習活動が、即社会教育であるということではない。社会教育の概念には、ひとびとの学習意欲や学習活動とそれらを教育的に高めようとする作用との相互関係が内在することを忘れてはならない。」としています。

○　昭和56年（1981年）6月11日中央教育審議会答申
「生涯教育について」

　この答申は、はじめて「生涯教育」（生涯学習）について審議された答申です。

　昭和52年6月の諮問事項は、「当面する文教の課題に対応するための施策について」になっていましたが、審議会において検討した結果、「生涯教育の観点から今後の教育の在り方を総合的に考察」して上記の答申名になったとされています。

　その理由は「今日、複雑に変化する社会環境の中で、国民の一人一人が各人の様々な生活課題に応じて必要な学習を行い、それぞれの個性・能力を伸ばし、生きがいのある充実した生活を享受できるようにすることが緊要な課題であり、また、社会の活力の維持・発展のために重要である」としています。

　審議をとりまとめる基本的な方針として、

①「人間の乳幼児期から高齢期に至る生涯のすべての発達段階に即して、人々の各時期における望ましい自己形成を可能にする方途を考察」

②「教育機能の領域・形態の面から、家庭のもつ教育機能をはじめ、学校教育、社会教育、企業内教育、更には民間の行う各種の教育・文化事業等にわたって、社会に幅広く存在する諸教育機能を生涯教育の推進の観点から総合的に考察」の二つをあげています。

　そして社会教育については下記の通りとなっています。社会教育の振興として

　「地域社会における人々の多様な学習活動を助ける上で、社会教育は重要な役割を果たしているが、**その施設や教育内容・方法においてなお不十分な面が多い**。このため、施設や事業、指導者など社会教育全般について一層の充実を図るとともに、個人学習の援助など新しい分野や方法についても開発を進めるべきである。更に、学校教育との連携・協力についても工夫・改善を図る必要がある。」としています。そして、

　「社会教育は、**人々の多様な学習要求**に対して、各種の学習や体育・スポーツ活動、芸術文化活動など**広範多岐な学習機会**を提供しており、生涯教育の観点からその果たす役割は極めて大きい。」として、社会教育施設、教育内容・方法などが不十分であるとして、社会教育の充実及び社会教育事業の拡充等の必要性について述べられています。

○　平成 20 年（2008 年）2 月 19 日中央教育審議会答申
「新しい時代を切り拓く生涯学習の振興方策について～知の循環型
　社会の構築を目指して～」

　この答申は平成 17 年 6 月に諮問を受け、①国民一人一人の学習活動を促進するための方策と②地域住民等の力を結集した地域づくり、家庭や地域社会における子どもの育ちの環境の改善のための方策についての制度の在り方を含め、調査審議が生涯学習分科会で行われ、審議内容は平成 18 年 12 月に改正された教育基本法を踏まえ、また教育振興基本計画に盛り込む内容を見据えて審議が行われたとしています。

　審議事項から社会教育に関する内容が多いため、社会教育を理解するために主要な部分についてみていきます。

　これまでの社会教育行政の経緯から、その目的、あり方等について下記のように述べられています。

「社会教育法の目的は、社会教育に関する国及び地方公共団体の任務を明らかにすることであり、その任務は、**すべての国民があらゆる機会、あらゆる場所を利用して、実際生活に即する文化的教養を高め得る環境を醸成するよう努める**こととされている。また、社会教育が学校教育及び家庭教育との密接な関連性を有することにかんがみ、**学校教育との連携の確保に努めるとともに、家庭教育の向上に資するよう必要な配慮をするものとされている。**」ことを踏まえて、

　社会教育法第 2 条の定義から、「社会教育行政は、学校教育として行われ教育活動を除いた**組織的な教育活動を対象**とする行政である。これは、いわば**国民一人一人の生涯の各時期における人間形成**という『時間軸』と、**社会に存在する各分野の多様な教育機能**という『分野軸』の双方から、学校教育の領域を除いたあらゆる組織的な教育活動を対象としており、その範囲は広がりを持ち、生涯学習振興行政において社会教育行政は中核的な役割を担うことが期待されている。」と述べています。そして社会教育行政の役割・任務を明確にすることを求めています。

○　平成 25 年（2013 年）1 月中央教育審議会生涯学習分科会
　「第 6 期中央教育審議会生涯学習分科会における議論の整理」

　これは、答申ではありませんが、第 5 期中央教育審議会生涯学習分科会の検討内容等を受けて、東日本大震災の災害からの社会状況の著しい変化も踏まえ、今後の生涯学習・社会教育の振興に関する具体的方策について、議論して整理したものです。

　また審議にあたり、教育振興計画部会において第 2 期教育振興基本計画の策定も念頭に置いたとしています。

　この「議論の整理」では「生涯学習社会の構築」の中心的な役割を担う社会教育行政の今後の推進の在り方について審議しています。その中で（社会教育の役割）について整理しています。

　最初に教育基本法第 1 条の（教育の目的）、第 2 条の（教育の目標）に基づいて、「教育の根本的な目的や目標は、実際に地域活動に参画

している成人を含め、全ての年齢層の人々を対象としている社会教育にも適用されるものである。」として、次に社会教育法第2条の（社会教育の定義）から、「地域住民の生活課題や地域課題に根ざして行われる各種の学習を教育的に高める活動ともいわれるものである。具体的には、社会教育は、地域住民同士が学びあい、教えあう相互学習等を通じて、人々の教養の向上、健康の増進等を図り、人と人との絆を強くする役割を果たしている。これに加え、**現代的・社会的な課題に関する学習など、多様な学習活動を通じて、地域住民の自立に向けた意識を高め、地域住民一人一人が当事者意識を持って能動的に行動（「自助」）するために必要な知識・技術を習得できるようにするとともに、学習活動の成果を協働による地域づくりの実践（「互助・共助」）に結びつけるよう努めることが求められている。」**として社会教育の概念と社会教育活動について述べられています。

　この「議論の整理」が答申として出されなかった理由は、中教審が規程により第6期から第7期になった（委員の任期により）ためです。

　そのため平成25年（2013年）3月に発足した、第7期中教審における生涯学習分科会は「社会教育推進体制の在り方に関するワーキンググループ」を設置して「社会教育行政の再構築」については、その具体的方策等について更に検討していくこととされ、平成25年9月に「社会教育推進体制の在り方に関するワーキンググループにおける審議の整理」としてまとめられました。

　その「審議の整理」の結果は同年4月に中教審に諮問された「今後の地方教育行政の在り方について」の審議に引き継がれていくことになりました。

　この「議論の整理」と「審議の整理」において、まとめられた内容は社会教育の意義と役割を理解する上で、たいへんに参考になると考えます。

　その後、平成30年（2018年）12月21日に中教審答申として「人口減少時代の新しい地域づくりに向けた社会教育の振興方策につい

て」が出されました。

　内容は答申名の通り、社会教育行政を視点の中心として、「今後の地域における社会教育の在り方」について審議された内容になっています。また「地域づくり」の社会教育の振興方策として、「人づくり・つながりづくり・地域づくり」をあげています。

　この答申を踏まえて令和2年（2020年）9月に「第10期中央教育審議会生涯学習分科会における議論の整理」がまとめられました。

　内容は副題の通り「多様な主体の協働とICTの活用で、つながる生涯学習・社会教育～命を守り、誰一人として取り残さない社会の実現へ～」となっています。今後の社会教育あるいは社会教育行政の振興を考えていくための参考になるかと考えます。

　ここでは「社会教育の意義と仕組みを理解する」ために、上記の答申等から整理していきます。

【社会教育の意義と仕組みの整理】

①社会教育は、一人一人の学習意欲・学習要求を前提としている。つまり学習者の「自主性・自発性」を基本理念としている。

②社会教育は、「子どもから大人まで」を対象としている。したがって乳幼児から高齢者までの全ての国民を対象としている。

③社会教育は、学習者の学習目的・内容、年代、地域・社会からの課題が多岐多様になっているため、あらゆる機会と場所で社会教育活動が行われる。

④社会教育は、個人の学習の成果が人間形成、豊かな人生になるとともに生活の課題、地域の課題、社会の課題に対応して、地域社会の教育力を高め、地域社会の活性化に繋がることを求めている。

⑤社会教育の内容は、日常的・基礎的なものから高度なものまで、そして社会の変化に対応することが求められている。また個人の知識・技術等の学習が地域・社会に実践・実行されることが求められている。

⑥社会教育は、そのあらゆる活動に教育としての機能を有している。

⑦社会教育は、学校教育との連携協力、家庭教育への支援の役割を　強く求められている。

　以上、答申等から「社会教育」の考え方、仕組みについて整理しましたが「社会教育はわかりにくい、見えにくい」と言われている現状から、更に社会教育・社会教育行政の戦後70年以上の実績を振り返り、検証して、現状の問題・課題に対応した、新たな施策を構築して、実行していくことは、今後、生涯学習社会を構築していくために、大きな役割を期待されている社会教育にとって、極めて重要なことであると考えます。

　次に、これまでは答申等から社会教育の意義と仕組みの視点から「社会教育」をみてきましたが、更に法令等を踏まえて、「社会教育」の要件について整理していきます。

【法令による子ども・若者の年齢区分】

　平成30年（2018年）6月13日に民法が改正され、成人年齢が20歳から18歳になり、令和4年（2022年）4月1日から施行されました。

　子どもと若者（呼称等は法令により異なる）の年齢区分は、各法令の目的等により異なっていますが、ほとんどの法令の区分年齢は18歳未満が子どもとなっています。

　令和4年（2022年）現在、20未満となっている法令は、「少年法」（民法の成年年齢の改正により、18・19歳の者は、その責任能力から「特定少年」となりました。）、未成年者の喫煙の禁止に関する法律の名称を改正した「20歳未満の喫煙の禁止に関する法律」、同じく名称を改正した「20歳未満の飲酒の禁止に関する法律」があります。

　教育・福祉関係においては、「児童福祉法」は児童を18歳未満の者としています。そして1歳未満の者を「乳児」、1歳から小学校就学の始期に達するまでの者を「幼児」、小学校就学の始期から18歳に達するまでの者を「少年」としています。

　次に「学校教育法」の「学齢児童」とは、「満6歳に達した日の翌日以後における最初の学年の初めから、満12歳に達した日に属する学年の終わりまでの者」、また「学齢生徒」とは「小学校の、

義務教育学校の前期又は特別支援学校の小学部の課程を修了した日の翌日以後における最初の学年の初めから、満15歳に達した日の属する学年の終わりまでの者」としています。

　全ての法令の年齢区分を統一することは、その法令の理念・目的などにより難しいことですが、今回の民法改正により、成人年齢が18歳になったことは、今後、法令を制定される時の基準になると考えます。

2. 社会教育の要件

　「社会教育」については審議会の答申等だけではなく、多くの教育関係者、社会教育関係者から「社会教育」についての概念が不明確であり、それに伴い社会教育行政の役割と任務が明らかではないとの意見が聞かれます。

　生涯学習社会を構築・振興していくためには、社会教育の概念又は位置づけなどを、より明確にしていくことが必須かと考えます。そのため社会教育の意義と仕組みを形成する「社会教育」の要件についてみていきます。

【社会教育の要件】
（1）すべての人に教育を受ける（学習する）権利があります

　憲法第26条1項は「すべて国民は、法律の定めるところにより、その能力に応じて、ひとしく教育を受ける権利を有する。」と規定しています。このことは子どもから大人まで、すべての国民に教育を受ける（学習する）権利があることを意味しており、そして国はそのために必要な教育の仕組みを法律で定めることを義務づけています。この条文内容は当然、「社会教育」にも適用されており、すべての国民がこのことを知り、認識することが必要です。

　ただし、社会教育はあくまでも学習者の「自主性」「自発性」に基づいて行われるものであり、強制を伴うものではありません。

（2）教育基本法の目的と目標は社会教育にも適用されています

　教育基本法第1条は教育の目的として、「教育は、人格の完成を目指し、平和で民主的な国家及び社会の形成者として必要な資質を備えた心身ともに健康な国民の育成を期して行わなければならない。」と規定しており、第3条には教育の目標として5項目に整理・規定されています。この具体的な教育目標は学校教育だけではなく社会教育を含む条文に定められているすべての教育に適用されています。なお同法の前文には、「民主的で文化的な国家」、「世界の平和と人類の福祉の向上」、「個人の尊厳」、「公共の精神」、「豊かな人間性と創造性」、「伝統の継承」を教育の理念として明らかにしています。

　なお「社会教育」については前述した通り、第12条に定められています。

（3）社会教育は、社会において行われる教育です

　教育基本法の第12条1項で「個人の要望や社会の要請にこたえ、社会において行われる教育は、国及び地方公共団体によって奨励されなければならない。」と規定されています。前提として個人の要望（教育を受ける権利に基づき）と社会の要請にこたえることとしています。

　「社会教育」とは、教育のうち学校における学校教育または家庭内において行われる家庭教育（家庭教育については支援）以外の、広く社会において行われる教育です。

（4）社会教育は、学校の教育課程における教育活動を除き、意図的・組織的な教育活動です

　社会教育の教育活動（体育及びレクリエーション活動を含む）は、社会教育施設などを中心として、あらゆる場所、あらゆる機会において行われています。

　ただし全ての学習活動が「社会教育」に該当するわけではなく、

意図的・組織的な教育の活動であることが必要条件です。

（5）社会教育は、子どもから大人までのすべての人を対象としています

　社会教育法第2条では、「主として青少年及び成人に対して」となっていますが、「主として」の言葉があるように、年齢・年代を制限していません。そのため社会教育活動が多様な形態になっています。

　最近、特に「地域づくり」を求められていますが、地域社会の教育力を高め、活性化するためには、社会教育活動においては、国・地方公共団体が「子どもの学び、大人の学び」の場と機会の提供をしていくことが求められます。

（6）社会教育は、常に社会の変化に対応する学習を求められます

　地域社会には、住民からの多種多様な学習要望及び生活の課題・地域の課題・社会の課題があります。

　そしてそれらの課題について、社会教育施設等で学びたい人は多くいます。

　そのため教育委員会からホームページ、広報誌等で定期的に情報を提供していくことが求められています。また社会教育施設等においても、学習者の要望に応えるための教育普及活動を行っています。

　例えば公民館においては、講座等の情報また近隣施設での学習情報を提供しています。また図書館においては、常に社会の状況の変化に合わせて、新着図書についての情報を利用者に知らせています。

（7）社会教育は学びの多くに体験・実践を求める教育活動です

　社会教育の学習者は、学習における知識・技術の学習だけではなく、その成果を地域社会に活かしていきたいとする学習者は多いと考えます。

　例えば学習によりボランティア活動に参加する。資格取得により

地域社会に活かしていくのは、その良い例です。

　また社会教育の範囲は体育、レクリエーション、芸術文化までを含んでいるため、その知識・技術を地域住民と共有していこうとするのは学習の成果と考えます。

　そしてその活動が地域の教育力の向上・活性化に繋がります。社会教育の教育活動は、学びの中に多くの体験・実践が求められます。

（8）社会教育は教育活動において、政治的・宗教的に中立性を求められます

　社会教育には学校教育と同様に教育基本法の第14条（政治教育）と、第15条（宗教教育）の規定が適用されています。

　政治教育については第14条1項に「良識ある公民として必要な政治的教養は、教育上尊重されなければならない。」ことを前提にして、2項には「法律に定める学校は、特定の政党を支持し、又はこれに反対するための政治教育その他政治的活動をしてはならない。」として教育の政治的中立性を確保しようとしています。

　また同じく宗教教育についても第15条1項に「宗教に関する寛容の態度、宗教に関する一般的な教養及び宗教の社会生活における地位は、教育上尊重されなければならない。」ことを前提にして、2項に「国及び地方公共団体が設置する学校は、特定の宗教のための宗教教育その他宗教的活動をしてはならない。」としています。

　これらの規定を受けて、社会教育法においては第23条の（公民館の運営方針）として次の行為を行ってはならないとして、1項には「もっぱら営利を目的として事業を行ない、特定の営利事業に公民館の名称を利用させその他の営利事業を援助する。」ことに続き2号に「特定の政党の利害に関する事業を行い、又は公私の選挙に関し、特定の候補を支持すること。」としています。そして2項に「市町村の設置する公民館は、特定の教派、宗派若しくは教団を支援してはならない。」としています。

　社会教育行政及び公立社会教育施設はもちろんのこと、それ以外

の「社会教育」においても、その目的から、これらのことは適用されると考えます。

（9）社会教育は、家庭教育・学校教育とともに教育を担う教育活動です

「社会教育」は、過去の生涯学習・社会教育に関する審議会の答申で、生涯学習社会を構築していくために大きな役割を果たすと言われてきました。

「社会教育」には、今後更に学校教育との連携協力の推進、家庭教育への支援、子どもの問題・課題等への対応などが求められているとともに、「地域づくり」についてもその役割を期待されています。

家庭教育・学校教育・社会教育は教育政策を担う三主体であり、この三主体が相互に連携協働していくことが求められています。

（10）社会教育は、生涯学習社会を振興する役割を担う教育活動です

教育基本法第3条の（生涯学習の理念）については前述しましたが、この規定を受けて、「文部科学白書」（令和3年度）では「生涯学習」とは「一般には人々が生涯に行うあらゆる学習、すなわち、学校教育、家庭教育、社会教育、文化活動、スポーツ活動、レクリエーション活動、ボランティア活動、企業内教育、趣味など様々な場や機会において行う学習の意味で用いられます。」と説明しています。この中で文化・スポーツ・レクリエーション活動が入っていますが、これらの活動も組織的な活動であれば、社会教育の範囲になります（社会教育法第2条）。

したがって教育全体の基本的な理念としての「生涯学習」において、社会教育は大きな役割を担っています。

以上、「社会教育」についてより明らかにするために、「社会教育」の要件について述べてきましたが、今後これらの要件を踏まえて、「社会教育」の定義・意義・目的等について、審議会等において審

議議論することにより、法令で根拠を明示していくことが求められます。

「社会教育」については、昭和20年代（1945 ～ 1954年）に社会教育関係法令等の整備後、全国及び地方公共団体の関係者は、全ての国民に理解していただくために、「社会教育」を表す言葉として、「いつでも、どこでも、誰でも」、「子どもからお年寄りまで」、「人生を通して学ぶ」、「子どもの学び、大人の学び」などの言葉で社会教育の普及・振興に努めてきました。現在でも、その基本的理念・意義は変わっていないと考えます。

「生涯学習」の概念については、1965年（昭和46年）にパリで開催されたユネスコの成人教育推進国際委員会で急激に変化する社会に対応するための教育体系の基本理念として、「生涯教育」という言葉で提唱されました。

我が国においても社会教育審議会「46答申」の中に、その考え方が出されました。

その後、学習者の立場から「生涯学習」という言葉になりました。

「生涯学習」はあくまでも教育政策における理念です。教育基本法第3条に定められている通りです。

「社会教育」は「学校教育」と同様に、学習機会を意図的・組織的に提供する仕組みの教育活動のひとつであり、「生涯学習」の概念の一部です。

生涯学習社会への移行を推進するためにも、「生涯学習とは何か」、「社会教育とは何か」を今一度明らかにして、関係者だけではなく、広く国民に理解していただき、その上で社会教育の役割と責任を踏まえて、施策を実行していくことが必要です。

【世界人権宣言】 1948 年（昭和 23 年）12 月 10 日

（国際連合総会採択）

　この宣言は、国際連合において、基本的人権、人間の尊厳及び価値並びに男女の同権について再確認して、自由の中で社会的進歩と生活水準の向上を促進するために公布した宣言です。この宣言の第 1 条には、「すべて人間は、生まれながらにして自由であり、かつ、尊厳と権利とについて平等である。人間は、理性と良心とを授けられており、互いに同胞の精神をもって行動しなければならない。」としており、第 2 条には、「すべて人は、人種、皮膚の色、性、言語、宗教、政治上その他の意見、国民的若しくは社会的出身、財産、門地その他の地位又はこれに類するいかなる事由による差別を受けることなく、この宣言に掲げるすべての権利と自由とを享有することができる。」としています。

　この宣言は、「国際連合憲章」を踏まえ、人類社会の全ての構成員の固有の尊厳と平等の確保は、世界における自由・正義及び平和の基礎であるなど基本的人権尊重の原則を定めたものであり、初めて人権保障の目標や基準を国際的に定めた画期的な内容になっています。

VII 「社会教育」を再構築するために

　今、我が国の教育は問題・課題が山積している状態かと考えます。それは政府等の統計の数値、報告書等から、子どもを取り巻く環境が悪化しているのが分かります。また数年前から「教員の働き方改革」が問題になっていることから、現在の教育問題・課題がより深刻な状況となっていることもわかります。

　政府・文科省等、地方公共団体の教育委員会においては、子どものいじめ防止、不登校、自殺などの子どもの教育に関する問題・課題解決のために対策を実施しています。また「教員の働き方改革」については教員の定数増、スクールカウンセラー・スクールソーシャルワーカーの設置、学校の事務職員の増員などの対策を行っています。しかし課題解決がなかなか進まないのが現状です。

　コロナ禍の影響もありましたが、学校は益々多忙になっているのが現状です。更に問題が深刻化しているのは、教員の離職者が多くなり、教員の定数が満たない「教員不足」になっていることと、教員になりたいという教員志望者が減少していることです。学校教育制度だけではなく、我が国の教育の基盤を揺るがす深刻な状態です。

　根本的な問題は、二つあるかと考えます。ひとつは社会の急激な変化に対応しなければならない教育政策において、学校教育に過度の負担をかけたことが原因かと考えます。言い換えれば、教育の問題・課題を「学校教育完結型」で進めてきたことによる結果かと考えます。

　最近になり、「社会教育」に対して、「学校との連携・協働の推進」、「地域で子どもを育てる」という役割が強く求められていますが、「社会教育」も、既にその制度の基盤が脆弱になっており、その対応が難しくなっているのが現状です。

　二つ目は、国家の基盤を形成する教育に、国の財政的措置があまりにも少ない（少なかった）ことが原因かと考えます。

　令和４年（2022年）の10月３日に、経済協力開発機構（OECD）から、令和元年（2019年）における、国内総生産（GDP）に占める教育機関への公的支出の割合が公表されました。

　我が国は2.8％と37か国の中で36位と下位から２番目になっており、OECD平均の4.1％に比べても相当に低い数値になっています。

　前回は最下位、近年も最下位と下位から２番目を繰り返しています。つまり国からの教育への財政的措置が、継続的に少なかったことを明らかにしています。

　教育への予算支出については後ほど述べたいと思いますが、「人づくりは、国づくり」の言葉は、現在の我が国にとって、最も必要な言葉であると同時に、国及び地方公共団体が早急に対応しなければならない喫緊の課題です。

　現在、子どもを取り巻く環境は悪化していると述べましたが、文科省による「令和３年度児童生徒の問題行動・不登校児等生徒指導上の諸課題に関する調査」によると、令和３年度間（2021年度間）の小・中・高等学校及び特別支援学校におけるいじめの認知件数は61万5,351件（前年度51万7,163件）、小・中学校における不登校児童生徒数24万4,940人（前年度19万6,127人）、小・中・高等学校の報告では自殺した児童生徒数368人（前年度415人）となっています。

　更に子どもの貧困（令和元年厚生労働省調べ）は13.5％、児童相談所における児童虐待相談対応件数（令和３年度厚生労働省調べ）は20万7,659人（前年度20万5,044人）など、極めて深刻な状況になっています。

　特に「子どもの自殺」については、見過ごすことのできない危機的な問題・課題です。

　そしてこれらの数値は当該年度だけではなく年々増加（一部事柄

を除き）しており、これらの問題・課題に一刻も早く対処していくためには学校教育だけに負担を負わせるのではなく、社会教育及び全ての教育機能を持つ関係機関と連携・協働して国・地方公共団体、地域社会が総力をあげて課題解決に取り組むことが求められます。

　これらの重大かつ深刻な問題・課題の中で、「社会教育」は大きな役割を果たすことが求められています。

　地域社会の衰退、人間関係の希薄化、大人の規範意識の低下への対応、学校との連携・協働、家庭教育への支援など、「社会教育」における役割と責任が益々求められています。

　そのためには、衰退した「社会教育」を再構築して取り組むことが必要不可欠です。次に、その「再構築」についての考えを述べていきます。

【児童憲章】 昭和26年（1951年）5月5日

　児童憲章は法律ではありませんが、日本国憲法の精神（基本的人権の確保等）を踏まえ、国民各層から構成された「児童憲章制定会議」でまとめられたものであり、子どもの権利に関する約束として、児童の成長と幸福の実現を図ることを定めた憲章です。

　この憲章は、国際連合の「児童権利宣言」（昭和34年）や「児童の権利に関する条約」（平成6年）を先取りした先駆的な内容です。この憲章は、国民の総意に基づく約束として、それに相当する一定の公的規範としての性格を有しています。

　憲章内容は児童の幸福をはかるために12のことが記されています。そしてその前段では

　　児童は、人として尊ばれる。

　　児童は、社会の一員として重んぜられる。

　　児童は、よい環境のなかで育てられる。

と宣言しています。

　この憲章には、責任主体である国・親などについては書かれていませんが、児童の育成には当然、国、地域社会、保護者をはじめ全ての大人が責任を担っています。

1. 教育の危機対応の財政措置と「社会教育」の基盤整備

　我が国の教育機関への公的支出については、従来から、国の予算の割合において、たいへん低く、OECD 各国平均値にも満たないことは前述した通りです。教育が危機的状況になってきた時から現状においても、教育に対する財政的措置が抜本的に、改善されていないのは、状況を更に悪化させることになると考えます。

　参考までに令和2年度（2020年度）の国の歳出予算の内訳を見ると教育予算は「文教及び科学振興」として5兆3,901億円が計上されており、全体（107兆5,964億円）の約5.0％が教育に関する予算となっています。

　この割合は、ここ数年、全体予算の5％台で、あまり変化がなく、毎年、予算額を全体予算の一定率で決めているという状態になっています。

　教育の問題・課題が山積している状態になっている現状においては、あまりにも不足した予算措置であり、早急に課題・問題に対応した予算措置をしなければならない状況であると考えます。

　また文科省関係予算の内訳（令和3年度文部科学白書参考資料）をみると、文化庁、スポーツ庁、人件費等の行政経費が入っており、全体の7.1％になっています。また必要不可欠である教職員の給与費の3分の1を負担する「義務教育費国庫負担金」が28.6％を占めています。上記を足すと全体の35％以上になり、そしてその他の約65％の予算の内訳は国立大学法人運営交付金（20.4％）、私学助成（7.7％）、公立学校施設整備（1.3％）などの毎年経常的に必要な予算事項になっており、新たな教育への課題解決への予算が十分に措置されているとはいえない現状です。

　その年の不確定な事柄に対応する補正予算により歳出額は増加していますが、この状況では国会に報告され、公表された第1期から第3期の「教育振興基本計画」における施策が達成できるとは、とても考えられません。

社会教育関係費については令和３年度文部科学白書の参考資料の中に、その項目名はありませんので、その他教育関係（2.9%）の中に入っていると推察しますが、文科省予算の中での数値は不透明です。

　ただし同資料に、「教育分野別に見た文教費総額」のデータが記載されており、そこから、今の「社会教育」の状況が推測できます。

　「文教費総額」とは、国及び地方公共団体が支出した総額からの統計です。令和元年度（2019年度）において、文教費総額は24兆743億1,900万円となっており、その内社会教育費は1兆5,590億5,600万円となっています。全体の約6.5%の割合です。全体額も決して「教育立国」になるために相応しい額と考えられませんが、社会教育費については、更に危機的な状況（文科省のホームページの地方教育費調査を参照）かと考えます。

　「教育振興基本計画」及び審議会等の答申等において、地域社会の教育力の向上と地域社会の活性化（地域づくり）、学校教育との連携・協働による子どもを取り巻く環境の整備、家庭教育への支援など、「社会教育」における役割と責任が求められている中、教育費全体を見直すことは、もちろんですが、社会教育に係る予算措置を見直していくことが求められます。

　例えば、教育振興基本計画を踏まえて、短期・中長期の「緊急教育再生実行予算」として、将来を見据えた、教育費全体の予算計画を作成し、国及び地方公共団体が必要な予算措置をしていくことも考えられます。

【児童権利宣言】 昭和34年（1959年）11月20日　　　（国際連合）
　「世界人権宣言」等を踏まえ、基本的人権と人間の尊厳及び価値に関する信念を改めて確認し、心身ともに未成熟な子ども（児童）が、特別な保護を受けて健全な成育と幸福と社会的な諸権利を保障されるべきと定めた国際的な宣言です。
　この宣言の8年前の昭和26年（1951年）に、我が国においては「児童権利宣言」（国際連合）に先駆けて、「児童憲章」を定めました。

2. 「社会教育」の再構築における国・地方公共団体の任務と責任

　「社会教育」については、教育基本法で、国及び地方公共団体は、「社会教育の振興に努めなければならない。」（第12条）としており、社会教育法では法律の目的として、「社会教育に関する国及び地方公共団体の任務を明らかにする」（第1条）としています。

　そして国及び地方公共団体の任務を、第3条に定めており、第4条に国の地方公共団体に対する援助を定めています。更に市町村教育委員会の事務（第5条）と都道府県教育委員会の事務（第6条）についても、具体的に定めています。

　特に教育委員会については「地方教育行政の組織及び運営に関する法律」（昭和31年6月30日公布）の教育委員会の職務権限は第21条12号において「青少年教育、女性教育及び公民館の事業その他社会教育に関すること。」となっています。

　「社会教育」を充実振興していくためには、法令に基づき、国（文科省）と地方公共団体（教育委員会）が社会教育行政を担っていくことが、最も効率的、効果的であると考えます。その理由には下記の3点があります。

　第一は、社会教育において、地域住民の多種多様な学習への意向を反映し、学習機会を提供していくためには、全国に設置されている教育委員会又は公民館等の公立社会教育施設が多くの地域社会の住民の意向を反映できると考えます。

　第二は、社会教育が、地域住民に多種多様な学習機会を提供していくためには、教育活動の継続性・安定性の確保が最も必要です。日本国憲法第26条に定められている、「教育を受ける権利」を守っていくためにも必要であると考えます。

　第三は、教育は、その内容が中立公正であることは極めて大事です。

　そのため、教育基本法第14条、第15条の政治的・宗教的中立を確保することは重要なことです。また公務員については、憲法第

15条2号に「すべて公務員は、全体の奉仕者であって、一部の奉仕者ではない。」として中立公正であることを定めています。

　以上の理由から社会教育行政が中核となり、民間教育事業者と連携・協力して社会教育を振興していくことが最も効率的・効果的であるとともにそれが国及び地方公共団体の任務であり責任と考えます。

3. 国及び地方公共団体が「社会教育」を再構築するための方策

（1）地域住民（国民）に対する行政の担当部局の明確化

　全ての地域住民（国民）の多種多様な学習に対する要望、相談等に対応していくためには、行政機関が所管（部局の名称）を明らかにして、対応することが必要です。また国及び地方公共団体は「社会教育」の教育活動等に関する情報を先導的にホームページ等で発信していく情報の提供と共有も必要になります。

　つまり学習における情報の収集・発信は必須なことです。

　「社会教育」については、社会の状況の変化に迅速に対応することが求められるため、常に地域社会の状況（実態）と地域住民の学習への要望を常に把握することが必要になります。また所管を明らかにすることは、他の行政機関・大学・団体・企業等と連携協力していくためにも必要になります。

　社会教育行政における役割と責任を明らかにして、行政組織内の担当部局の名称・内容等の全てにおいて、地域社会の住民、関係機関等と情報共有ができるように最大限努めることは、社会教育行政を進めていくための基本であると考えます。

　「社会教育」においては、前述した通り、国（文科省）においては社会教育局が改編（廃止）され、その後社会教育課も改組（廃止）され、社会教育の名称は官職名と係名を除いてなくなりました。それに伴い、地方公共団体の多くの教育委員会でも、社会教育課が改組（廃止）され、社会教育指導者である社会教育主事等が配置されていないところも出てきました。

　しかし社会教育法と関連法令は存在しており、また公立社会教育施設は、多くの学習者（地域社会住民）が利用しており、多くの団体等も活発に社会教育活動をしているのが現状です。

　「社会教育」の充実振興のためには、国及び地方公共団体は所管を、国民に対して明らかにし、情報の共有化を図り、相談体制も含めて、社会教育活動を推進するための体制を構築していくことが必要であると考えます。

（2）社会教育関係法令等の検証と改正

　昭和62年（1987年）の臨教審の「教育改革に関する第4次答申（最終答申）」では、社会の教育諸機能の活性化として、「**社会教育行政について、生涯学習体系への移行という観点から、社会教育に関連する法令を含め総合的に見直す。**」としており、その後、平成18年（2006年）に教育基本法が全面改正され、社会教育法、図書館法、博物館法も改正されてきました。

　社会教育関係法令等といっても、なかなか把握するのが難しいかと思いますが、「社会教育の振興に関連する法令」、「社会教育法に関連する法令等」、「社会教育活動に関連する法令」の三つに分けると理解しやすいと考えます。

①社会教育の振興に関する法令

　社会教育を振興するために、「社会教育」についての制度・根拠等について定めた法令には、「**日本国憲法**」、「**教育基本法**」、「生涯学習の振興のための施策の推進体制等の整備に関する法律」、「**社会教育法**」、「**図書館法**」、「**博物館法**」、「**学校教育法**」、「地方自治法」、「地方財政法」、「地方交付税法」、「地方教育行政の組織及び運営に関する法律」、「教育公務員特例法」、「文部科学省設置法」、「文部科学省組織令（政令）」、「文部科学省組織規則（省令）」があります。

②社会教育法に関連する法令等

　社会教育法に定められた内容に基づいて規定された法令等は、「公民館の設置及び運営に関する基準（平成15年文部科学省告示）」、

「図書館の設置及び運営上の望ましい基準（平成24年文部科学省告示）」、「博物館の設置及び運営上の望ましい基準（平成23年文部科学省告示）」、「社会教育主事講習等規程（省令）」、「社会通信教育規程（省令）」があります。

③社会教育活動に関連する法令

　学習者の多種多様な学習への要望に応えていくために、社会教育行政関係者等が知っておくべき法令等があります。現時点での関連法令等は、「人権教育及び人権啓発の推進に関する法律」、「障害者基本法」、「高齢社会対策基本法」、「男女共同参画社会基本法」、「社会福祉法」、「児童福祉法」、「環境基本法」、「環境教育等による環境保全の取組の促進に関する法律」、「食育基本法」、「子ども・子育て支援法」、「子ども・若者育成支援推進法」、「子どもの貧困対策の推進に関する法律」、「子どもの読書活動の推進に関する法律」、「次世代育成支援対策推進法」、「就学前の子どもに関する教育」、「保育等の総合的な提供の推進に関する法律」、「児童虐待の防止等に関する法律」、「児童買春、児童ポルノに係る行為等の規制及び処罰並びに児童の保護等に関する法律」、「少年法」、「いじめ防止対策推進法」、「青少年が安全に安心してインターネットを利用できる環境の整備等に関する法律」、「消費者教育の推進に関する法律、高度情報通信ネットワーク社会形成基本法」、「スポーツ基本法」、「文化芸術基本法」などがあります。また地方公共団体における条例があります。

　法律ではありませんが、児童憲章、児童の権利に関する条約等があります。

　以上、社会教育活動に関係する法令等を列挙しましたが、これ以外にも学習機会の提供の観点から防災教育、主権者教育、消費者教育、防犯教育、交通安全教育、感染症等の予防教育などに繋がる法令等があります。

　社会教育を振興していくためには、まず社会教育関係者をはじめ多くの人が社会教育に関係する法令等を把握し、知り、理解することが必要になります。

その上で、国及び地方公共団体の社会教育を所管する部局は、所管している現在の社会教育関連法令等を総点検して、法令等に定められていることが、実行されているのかどうか、また社会の現状に合っているかどうかを、総点検し、検証することが求められます。

そして、まず施策の実行がされていない事柄を運用の規程、基準等に沿って実行していくとともに、現状の社会教育行政の実態を明らかにしていくことです。

次に教育政策において求められている、「社会教育」における新たな役割と責任を果たすために社会教育行政の現状の問題・課題を整理して、何が社会教育の振興を妨げているのかを明らかにすることです。社会の急激な変化に対応する社会教育行政においては、常に法令等の改正を見据えて、振興していくことが必要と考えます。

【児童の権利に関する条約】平成6年（1994年）5月16日
（国際連合）

「児童権利宣言」の30周年にあたり、世界の多くの児童（18歳未満のすべての者）が、今日なお、貧困等の困難な状況に置かれている状態に鑑み、世界的な視点から、児童が特別な配慮を必要とする存在として認識し、児童の四つの権利、「生きる権利」、「育つ権利」、「守られる権利」、「参加する権利」の基に、児童の人権の尊重、保護の促進等に資するため多面的施策を網羅した国際条約です。

4. 社会教育の専門的・指導的職員の配置と養成

社会教育の専門的・指導的職員（以下、「社会教育指導者」）については前述しましたが、ここでは社会教育を再構築するための視点から、社会教育委員、社会教育主事、公民館職員等について考えていきたいと思います。

各社会教育指導者に共通している基本的問題は、期待されている

社会教育行政の職務に対応するための職員数が、不足していることにより、本来の目的が果たされていない現状であると考えます。このことを前提に社会教育指導者について考えていきます。

（1）社会教育委員制度の再構築が「社会教育」充実振興の第一歩

　社会教育委員は、社会教育法で「置くことができる」となっていますが、現状においては、設置されていない教育委員会もあり、また社会教育委員制度があっても、形骸化されている状況が多くみられます。

　社会教育委員は教育委員会が委嘱して、その基準、定数及び任期等は地方公共団体の条例で定めることになっています。したがって社会教育委員制度が社会教育の振興に活かされていない場合、必要な人員数を人口等から算定することも必要ですが、最も大事なことは、社会教育委員になるための要件を具体的に明らかにすることと、その役割と責任を明確にすることです。

　そして当該市町村において、社会教育委員になる希望者がいない場合は、近隣市町村から相応しい人を委嘱することも考えられます。

　現在、「社会教育」は、「学校との連携・協働」、「地域づくり」、「新たな学習内容・機会への対応」などが、教育振興基本計画等の答申で求められています。

　したがって社会教育委員が設置されていない教育委員会は、社会教育委員制度を設置するか、設置できない場合は、少なくとも教育委員会が「社会教育推進会議」などを設置して、地域住民の社会教育行政に関する意見又は要望を聞き、社会教育施設の今までの成果と実態を調査・分析して、今後の社会教育行政の基本計画を策定して実施することが求められます。

　既に制度が設置されている教育委員会は、社会教育委員制度の活性化についての基本計画を作成して、条例等を抜本的に見直し、改善することが求められます。

　まず取り組むことは、現行の社会教育委員制度の社会教育法に基

づいた改善です。施策を実行できる組織・制度の基盤、今後の社会教育活動の短期・中長期の事業計画に基づき、社会教育行政を振興していくことが必要です。

　個々の市町村教育委員会でできなければ、隣接する市町村と連携協力して進めていくことも考えられます。

　いずれにしろ社会教育の振興基本計画と振興するための基盤がなければ、社会教育活動を進めていくことはできません。

（2）社会教育主事制度が地域社会を活性化させる

　社会教育主事は、地域住民の多種多様な学習要求に応えて、学習支援を行い、地域社会への参画意欲を喚起させ、その学習成果を、地域課題の解決や地域づくりに活かしていくという大きな役割と責任があります。

　そのためには、地域社会から専門性を有する人材を発掘するとともに、地域の教育力と活性化を高めるために、関係機関・企業・団体等と連携協力の仕組みを作っていくことが求められます。

　また平成29年（2017年）3月の「地方教育行政の組織及び運営に関する法律」と「社会教育法」の改正により、地域と学校が連携・協働し、地域で子どもの成長を支え、地域を創生するための「地域学校協働活動」の制度が設けられ、教育委員会から委嘱を受けた、「地域学校協働活動推進員」を置くことになりました。

　この制度を推進していくためには、社会教育が学校（学校運営協議会）と連携・協働していくことを求められていますが、特に社会教育主事がコーディネーターとしての役割を果たすことが期待されています。

　以上から社会教育主事の役割は、益々重要になっていますが、社会教育主事の現状は、都道府県・市町村教育委員会の職員数1,451人（令和3年度）、設置率は6割以下で、教育委員会で社会教育主事の発令をしていないところが増えています。また「派遣社会教育主事制度」の設置も3割以下になっています。これらのことから、

社会教育主事を設置している、教育委員会あたりの社会教育主事数は平均2人以下と推察できます。結果、社会教育主事制度の衰退は、地域の活力と教育力を低下させている、大きな要因になっていると考えられます。

この実態から、社会教育の振興はもとより、法令等に基づいた新たな施策を実現することも難しくなっています。

施策を実現するためには、地域社会の課題・実情にあった仕組みづくり、地域社会住民への啓発普及、関係機関、団体等の連携協力を前提にして、どこが何を実行するのかなどの課題を解決しなければなりません。

今後、新たな地域づくり、学校との連携・協働を目指すのであれば、「社会教育」においては、社会教育主事が中心となり、その役割と責任を遂行することが現状においては、最も相応しいと考えます。

したがって衰退した社会教育主事制度の法令・施策を有名無実化させないためにも、社会教育主事制度を改善・再構築することが当面の課題解決として必要なことと考えます。そのための具体的な方策について考えてみたいと思います。

（3）社会教育主事養成の抜本的な見直し

社会教育主事の資格を取得するために、ほとんどの人が約40日間の講習を受講しています。そして受講者の多くは、学校教員から教育委員会の社会教育担当部署に配属になったことにより、職務命令で受講し、資格取得するという状況になっています。

したがって社会教育主事のほとんどが、学校教員であるため、教育委員会内の人事異動でまた学校に戻ることが多く、継続して、より専門性を高めていくことが難しく、社会教育主事の定員が少ないため、施策の継続性、安定性が保てないという状況であると考えます。

講習は毎年、全国の大学等と国立社会教育実践研究センターで、13から14か所（科目修得については9大学等）において、実施して、

養成しているのが現状です。

　これらの現状を踏まえて、まず社会教育主事の養成の講習会実施方法についての改善策を考えていきます。

　第一は、講習会実施の在り方についてです。「社会教育」についての理解を多くの人に広めていき、社会教育指導者を養成していくためには、現在の講習会制度を学習者の側に立って、働いている人にも、できる限り、受講しやすいような仕組みを考えることが必要です。

　第二は、講習会及び単位の取得の場所は、47 都道府県の大学等に依頼していくとともに、大学等で実施できない場合は、大学等に講師協力を依頼し、各都道府県の中心的な社会教育関係施設（公民館等）において、講習及び単位の取得ができるような体制を構築することです。

　第三は、現状での約 40 日間の講習期間を継続して受講するのは、教育委員会に勤める人もその他の人にとっても、受講が難しい状態です。その要因は「時間・経費・地理的条件」と考えます。そのため情報システムを活用して、単位取得を社会教育関係施設等で実施できるようすれば、対面での講習期間を大幅に短縮することができると考えます。

　当面、大学・国立社会教育実践研究センター・放送大学等と連携して、学習者がリモートで単位取得ができる仕組みを構築していく必要があります。

　次は講習会の内容の見直しです。社会教育主事をより専門化し、資質の向上を図るためには、講習会での科目の見直しが必要です。

　このことについては既に触れていますが、現行の講習規程の受講科目に教育原理、教育関係法令、社会教育概論（生涯学習概論ではなく）、教育史（社会教育を含む）などの教育に関する重要な科目を加える必要があります。また現状においては、社会福祉関係、特に子ども家庭福祉関係の科目も必要であると考えます。

　社会教育主事制度を再生するためには、まず社会教育主事の有資

格者（社会教育士も含め）を増やし、より多くの人に「社会教育」について理解していただき、地域社会への参画を啓発普及していくとともに、社会教育主事の専門性を高めて、質の向上を図ることが必要かと考えます。このことは図書館における図書館司書の養成、博物館における学芸員の養成についても同様であると考えます。

（4）社会教育活動の中核となる公民館の職員の資質向上

　前述した通り法律により、公民館には館長、主事（公民館主事）その他の職員を置くことになっています。また任命については、教育委員会又は市町村の長が行うことになっていますが、館長、主事その他の職員についての資格要件等については法令等で定められていません。

　「公民館の設置及び運営に関する基準」（文部科学省告示）の第8条2項において、「公民館の館長及び主事には、社会教育に関する識見と経験を有し、かつ公民館の事業に関する専門的な知識及び技術を有する者をもって充てるよう努めるものとする。」となっていますが、社会教育に関する識見と経験、専門的な知識及び技術の内容が明らかになっていません。また「努めるものとする。」ということで努力規定になっています。したがって公民館職員としての専門性等が曖昧になっているのが現状です。

　社会教育活動における公民館の重要性については、既に述べてきましたので、改めて触れませんが、ここでは館長、主事の専門性、質の向上について考えていきます。

　公民館は、社会教育法に定めた公民館の事業以外に、社会の変化により生じた教育に関する課題として青少年教育に関する事業、家庭教育支援としての相談事業などを実施してきました。

　また地域社会に新たに生じた問題・課題解決のための社会教育活動も、社会教育関係団体等と連携協力して、その対応に努めています。

　更に事業ではありませんが、地域社会の住民の安全を確保するた

め、台風・大雨などの自然災害の避難所としての対応をしてきました。

　このように公民館は地域社会において、社会教育活動等の中核の施設となっており、今後も生活の課題、地域社会の課題等、地域社会の住民の要望に応じた学習を通じた事業を行っていくことを求められています。

　そこで将来に向けて、公民館の活動・事業を活性化していくためには、館長、主事になるための必要な要件を明確にして、専門性のある職員を養成していくことが必要であると考えます。

　従来から館長、主事の任命については、ほとんどの市町村の教育委員会は、全体の職員の中（退職者も含め）での人事配置がされており、館長、主事になるための明確な資格要件・条件はないと考えます。したがって、社会教育主事と同様な資格を有していなくても、館長、主事となっている公民館が多くあると考えます。

　また館長の職については、地方公務員法における特別職の非常勤職員であるところが多くみられます。このことは公民館館長だけではなく、図書館、博物館の館長にも同様なことがみられます。

　そして公民館長、主事は社会教育主事の資格の有無に関係なく、前職が教育委員会職員又は小中学校の校長・教頭が配置されていることが多くみられます。

　これらのことは詳細な調査統計資料がなく、そのため不明な点が多くあるため、国又は地方公共団体が実態調査により、明らかにした上で、公民館の職員についての制度改革をして公民館の役割と責務を果たしていくことが求められます。

　いずれにしても公民館は、地域社会の住民からの学習の要望・相談、社会教育施設間の連携協力だけではなく、他の関係機関・組織・団体等とのネットワーク化、学習を通しての地域づくりなど多様な役割と責任を担っており、また求められています。

　そのためにも館長、主事はもちろんのこと、その他の職員についても、社会教育主事と同様な資格を有することが必要になると考え

ます。特に館長は館の運営・活動の責任者であることから、常勤職員であることが望まれます。

　社会教育に関する識見と経験、事業に関する専門的な知識及び技術を有する者が、公民館の職員になることが公民館の活性化に繋がり、社会教育を充実振興して、地域社会が活性化することになります。市町村内職員の人事異動だけではなく、広く人材を公募していくことも求められます。

5. 公立社会教育施設の機能の高度化・拡充と施設の基盤整備　〜公民館を中心に〜

　最初に、今一度「社会教育施設とは何か」について明らかにしていきます。

　社会教育法には、社会教育施設の定義に関する条文はありません。ただし第3条の（国及び地方公共団体の任務）の中に「社会教育の奨励に必要な施設」としており、具体的には公民館、図書館、博物館が法律上、社会教育施設として定められています。

　ただし同法第5条の（市町村の教育委員会の事務）の条文の中には、上記の3施設の他に、「青年の家その他の社会教育施設」となっており、青少年教育施設、女性教育施設も法律の解釈上、社会教育施設であると考えます。

　その他体育・レクリエーション・音楽、演劇、美術その他の芸術などの分野においても、組織的な教育活動（社会教育活動）を行っている施設については、法律上厳密に言えば、社会教育（関係）施設となります。この点は法令等により、「社会教育施設は社会教育活動を行っている**教育機関**である。」ことを条文により、明確に定めることが必要です。

　「社会教育」を再構築して、新たな役割と責任を果たすためには、人材の確保及び社会教育の充実振興の拠点となる、社会教育施設の機能の高度化・拡充等に伴う施設の充実が最も必要です。

　そのためには、国及び地方公共団体は教育政策における「社会教育」の位置づけを明確にして、地域社会の実態に基づいた財政的・人的支援をすることが必要不可欠です。

　社会教育（関係）施設の現状については前述しましたが、全体を俯瞰しますと、図書館、博物館と生涯学習センターは微増していますが、公民館と青少年教育施設は年々減少しています。減少理由は人口減少、地域経済の悪化による市町村合併、また施設の老朽化による廃館などの理由が考えられます。

　ここでは一番減少している、「社会教育」の充実振興の中核になっている公民館を中心に社会教育施設の再構築について考えてみたいと思います。

　現状の公民館の館数及び公民館主事数の激減については、前述した通りです。

　このことは、まず地域住民（子どもから高齢者まで）の身近な学習する場がなくなったということを意味します。そのため県によっては県立の「生涯学習センター」等を設置し、学習活動の補完に努めていますが、市町村立の公民館の役割（事業等）のすべてを代替することができない状況と考えます。

　いずれにしろ「社会教育振興」の中核であった、公民館の数と公民館主事の数は年々減少してきたのが現状です。そして社会教育活動が衰退していることが分かります。したがって、今まで果たしてきた役割と新たな役割を果たしていくためには、早急に体制整備を再構築することが求められます。

　最初に、市町村教育委員会が社会教育委員及び公民館運営審議会と共に、現状における地域社会の住民の学習要望・意識等を掌握することと、施設への要望・意見を施設の要不要も含めて掌握することがまず必要になります。同時に都道府県教育委員会は市町村教育委員会から全ての社会教育（関係）施設の老朽化・耐震化についての調査報告を受けていると考えますが、両教育委員会においては、上記の調査を踏まえて施設のあり方等の将来基本計画を策定するこ

とが必要です。

　策定にあたっては、人口・地理的条件・交通機関等の基本的条件を勘案の上、施設規模、機能、設置場所等について、新たに検討するとともに、公民館の新たな役割に対応するため、特に施設の機能の高度化と拡充を踏まえた施設の構造などについても検討することが必要です。

　次に喫緊の課題に対応するために、近隣市町村の公民館との連携・協働を促進するとともに、その他の地域社会の公民館との情報交換、連携・協力を図る方策について構築していくことが求められます。

　更に、図書館、博物館等の社会教育施設との、事業を中心とした連携・協力を進めていくことが考えられます。その上で施設の利用者・団体等とともに事業を充実していくことが施設の活性化に繋がります。

　公民館は地域住民の多種多様な学習要望に応えるともに、学校との連携・協働を促進して、地域の教育力を高めて、「地域づくり」をしていくことが、現在求められています。

　また公民館は地域住民の安全を確保するため、自然災害等の避難所としての機能強化も求められています。これらのことから、早急に関係機関等とのネットワーク化を促進していくと同時に、施設の基盤整備を図っていくことが求められます。

　地域住民の生活圏の中に学校、図書館とともに公民館を設置していることは、教育力を高め、地域を活性化するために適しています。また災害時、防犯等においても身近に設置されていることが相応しいと考えます。

　「学習を通した、子どもの居場所、大人の居場所」を設置することは「地域づくり」にとって必要なことと考えます。

6. 社会教育と学校教育との連携・協働

　現在、急激な社会構造の変化により、個々の教育機関だけの教育力（教育機能）では、教育の目的の達成と問題・課題の解決が、益々難しくなっています。教育政策を担う「家庭教育」、「学校教育」、「社会教育」の三主体が今こそ相互に連携・協働しなければ、教育目標を達成していくことはできない深刻な状況と考えます。

　「学校教育」については、平成28年度（2016年）の「教員勤務実態調査」（文科省）が公表され、教員の過重な勤務実態が明らかになりました。そのため「教員の働き方改革」として改善策がだされました。コロナ禍の影響もありましたが、根本的な課題が解決されないため、なかなか改善が進まない状況になっており、むしろ悪化しているのではないかと考えます。

　それは令和4年（2022年）1月に、「「教師不足」に関する実態調査」（令和3年（2021年）5月1日時点）が文科省から公表され、教員の離職・休職等に伴う、公立の小学校・中学校・高等学校・特別支援学校の教員が、不足していることが明らかになりました。

　また教員志望者が減少していることも明らかになり、教育体系の基盤を揺るがす深刻な状態になっています。

　このような状況の中、「社会教育」は学校を支援・援助するため、学校との連携・協働が求められていますが、「社会教育」の実態と脆弱化は今まで述べてきた通りです。

　学校の課題・問題は今後益々増え、複雑化することが考えられます。したがって学校における教員の業務改善、教職員の増加だけでは根本的な解決にはならないと考えます。それは完結型の学校教育では対応が難しくなっている状況にあると考えられるからです。

　課題解決には、地域社会（社会教育）と学校（学校教育）とが連携・協働して、子どもを育てる教育環境を整えることが、まず必要になります。そして連携・協働を具体化するためには、国と地方公共団体が実態と法を踏まえて、責任をもって実行・実践できる体制

を、早急に構築することが重要であると考えます。

　社会教育が学校と連携・協働できることはいくつか考えられます。それは社会教育施設である公民館の機能を最大限活用することです。

　現在、公民館の事業を実施する上で、各分野の専門家を講師として依頼していることが多く、関係機関・大学・NPO・団体などとの繋がりが既にあります。また公民館に登録して活動をしている社会教育関係団体、ボランティア団体等の教育関係団体も多数あります。

　したがって公民館（社会教育主事・公民館主事等）が学校との連携・協働において、企画調整の中心になり、学校教育が行っている子どもへの生活体験学習・社会体験学習などを実施することも十分に可能かと考えます。

　また同じ社会教育施設である図書館、博物館、青少年教育施設の機能を活用していくことも可能であると考えます。

　現在、公民館においては、家庭教育相談室（コーナー）の設置、家庭教育支援のための事業、子どもへの学習支援なども実施されています。

　図書館においては児童書のコーナーの充実、子どもに対する「読み聞かせ」、そして「子ども図書館」の設置などが行われています。

　博物館においては、教育普及事業として、子どもを対象にした事業などが行われています。

　また、その他の社会教育施設（青少年教育施設等）においても、子どもを対象とした諸々の体験事業等が行われています。

　学校との連携・協働を充実・発展させていく「子どもの学習等の居場所づくり」の基盤を、更に振興することが必要です。

　また学校施設については、社会教育法44条、学校教育法137条（社会教育への利用）において、社会教育活動で利用できることが定められています。具体的な利用内容については多種多様なため、全てはわかりませんが、夜間あるいは土日祝の体育館、運動場の地域住

民の利用が多いのではないかと考えます。体育、レクリエーション活動も社会教育活動ですから利用を促進することが地域づくりになりますが、更に進めて学校図書館（室）、空き教室などを利用して、「大人が学び、子どもも学ぶ」社会教育活動の場を設けることにより、地域の教育力を高めるとともに、地域づくりにも繋がると考えます。

7. 家庭教育と学校教育を繋げる社会教育の役割

　令和4年（2022年）10月27日に文科省から、「令和3年度（2021年度）児童生徒の問題行動・不登校等生徒指導上の諸課題に関する調査結果の概要」が公表されました。この調査は、国公私立の小・中・高等学校（いじめは特別支援学校を含む）を対象としたものであり、それぞれの調査項目と内容から深刻な問題・課題になっていることがわかります。

　また令和4年（2022年）9月9日に厚生労働省から、「令和3年度（2021年度）児童相談所での児童虐待相談対応件数」の速報値が公表されました。これらの調査結果についてみていきます。

（1）いじめ

　いじめの認知件数は、令和3年度（2021年度）において、61万5,351件（前年度51万7,163件）であり、前年度から9万8,188件（19.0％）増加しています。ただし早期発見・早期対応等で年度末の解消状況は49万3,154件となっており約8割は早期対応等で解消されています。

　問題は重大事態の件数が705件（前年度514件）あり、前年度に比べ37.2％増加していることです。

　いじめの件数については認知件数であり、学校外での携帯電話等を使用した「ネットいじめ」などについての認知されていない件数が多いと考えられ、実際の件数は調査結果の数字より高くなると考えます。

またいじめの定義は昭和61年度（1986年度）制定から、平成6年度（1994年）に改正され、続いて平成18年度（2006年）にも改正され、そして平成25年（2013年）9月28日に「いじめ防止対策推進法」が公布されました。平成25年度（2013年度）からの調査結果をみても年々増加しており、特に小学校での認知件数が全体の割合から高いことがわかります。

【いじめ防止対策推進法】（平成25年6月28日）　　　（文部科学省）
　いじめによる児童等の自殺事案等を踏まえ、「いじめ」の定義（第2条）を「児童等に対して、当該児童等が在籍する学校に在籍している当該児童等と一定の人的関係にある他の児童等が行う心理的又は物理的な影響を与える行為（インターネットを通じて行われるものを含む。）であって、当該行為の対象となった児童等が心身の苦痛を感じているもの」と定めるとともに、いじめの防止等のための対策の基本理念、いじめの禁止、また、保護者、国、地方公共団体、学校の設置者・教職員等の関係者の責務等を定めた法律です。
　いじめの認知件数が多いのは小学校であり、令和3年度（2021年度）の61万5,351件のうち小学校は50万562件になっており、全体の79.9％になっています。

（2）暴力行為

　暴力行為の発生件数は、令和3年度（2021年度）において、7万6,441件（前年度6万6,201件）であり、前年度に比べて1万240件（15.5％）増加しています。ここで言う暴力行為とは、「対教師暴力」、「生徒間暴力」、「対人暴力」、「器物破損」を指しています。ただし、家族・同居人に対する暴力行為は調査対象にはなっていません。

　学校種別でみると、高等学校においては前年度の令和2年度（2020年度）において大幅に減少してから、ほぼ同数になっていますが、問題は、義務教育である小・中学校で増加していることです。

　特に小学校では増加が多く、過去最高になっています。また小・

中学校において、生徒間暴力が増加しています。

（3）不登校

　小・中学校の不登校児童生徒数のうち長期欠席者数は、令和3年度（2021年度）において、41万3,750人（前年度28万7,747人）のうち24万4,940人（前年度19万6,127人）であり、9年連続で増加し、過去最高になっています。

　長期欠席とは、年度間に30日以上登校しなかった場合です。（欠席が連続でなくても）

　不登校児童生徒数は、中学校に多く、小・中学校とも不登校児童生徒のうち欠席日数が90日以上の者が小学校で4割強、中学校で6割強と多くなっています。因みに、高等学校の中途退学者数は3万8,928人（前年度3万4,965人）になっています。

（4）自殺

　小・中・高等学校の児童生徒が自殺した数は、令和3年度（2021年度）において、368人（前年度415人）で前年度に比べて減少していますが、平成29年度（2017年度）から、毎年度300人を超えて深刻な状況となっています。学校種別では、高等学校が251人と最も多く、中学校が109人、小学校が8人となっています。小・中学校の数値が、ここ数年増えていることが問題です。

　原因は不明の件数が最も多く、他には家庭不和、父母等の叱責、精神障害、進路問題、厭世、友人関係などになっています。

【自殺対策基本法】（平成18年6月21日）　　　　　（厚生労働省）
　我が国の自殺者数は、平成10年（1998年）以降から3万人を超える状態（警察庁「自殺統計」）になり、そのため、社会の重要な課題対策として、この法律が制定されました。平成24年（2012年）には3万人を下回りましたが、依然として2万人を超えており、主要先進7か国の中では最も高く、深刻な状況が続いています。

平成28年（2016年）4月には法律の改正があり、教育に関しては第2条（基本理念）の5項に「自殺対策は、保健、医療、福祉、**教育**、労働その他の関連施策との有機的な連携が図られ、総合的に実施されなければならない。」とし、第6条（国民の理解の増進）には、「国及び地方公共団体は、**教育活動**、広報活動等を通じて、自殺対策に関する国民の理解を深めるよう必要な措置を講ずるものとする。」と定めています。また第16条には（人材の確保等）として、「大学、専修学校、関係団体等との連携協力を図り」、「人材の確保、養成及び資質の向上に必要な施策を講ずる。」と定め、第17条には（心の健康の保持に係る教育及び啓発の推進等）について、学校、保護者、地域住民その他の関係者との連携などについて定めています。

（5）児童虐待

令和4年（2022年）9月9日に、厚生労働省の「令和3年度児童相談所での児童虐待相談対応件数（速報値）」から児童虐待の相談件数が20万7,659件と公表されました。

この数字は30年間増加し続け、過去最高となっています。最も深刻な問題は、過去の調査のほとんどの年で、心中以外の児童の虐待死が50人を超えていることです。

虐待内容は身体的虐待、ネグレクト、性的虐待、心理的虐待となっています。その中で心理的虐待の割合が最も多くなっています。

ただこの調査は、児童相談所での相談件数ですから、潜在的な数字があると推測できます。また、児童相談所への虐待相談の経路は、警察、近隣住民、知人、家族・親戚、学校が多くなっています。

【児童虐待の防止等に関する法律】（平成12年5月24日）

（厚生労働省）

児童虐待が社会問題化した状況において、「児童の権利に関する条約」及び「児童福祉法」を踏まえ、児童虐待の定義（18歳に満たない者が対象で、身体的虐待、性的虐待、ネグレクト（育児放

棄等）、心理的虐待の４分類としています）、児童に対する虐待の禁止、児童虐待の予防及び早期発見その他の児童虐待の防止に関する国及び地方公共団体の責務、親権の制限（しつけ名目の体罰禁止）、虐待を受けた児童の保護及び自立の支援のための措置等を定めることにより、児童虐待の防止等に関する施策を促進し、児童の権利利益の擁護に資することを目的とした法律です。

　この法律の第４条（国及び地方公共団体の責務等）の７項に「何人も、児童の健全な成長のために、家庭（家庭における養育環境と同様の養育環境及び良好な家庭的環境を含む。）及び近隣社会の連帯が求められていることに留意しなければならない。」と定めています。地域社会の連携協力が必要です。

（6）子どもの貧困

　平成 30 年（2018 年）に厚生労働省から、「子どもの貧困」についての調査結果が公表され、18 歳未満の子どもの相対的貧困率が13.5％であると公表されました。つまり約７人に１人の子どもが貧困状態になっていることがわかりました。また、同年に文科省から経済的理由により就学援助を受けている小学生・中学生は約 137 万人になっていることが公表されました。

　以上の諸問題については、文科省では児童生徒（子ども）の諸課題について対応するため、教育相談支援体制を充実させるとして、スクールカウンセラー、スクールソーシャルワーカーの配置、電話相談、SNS 等を活用した相談事業等を実施していますが、人員数が少ないため人の配置、相談等に対する具体的な支援がなかなか進捗していない状況です。また児童虐待・貧困などの問題は学校ではなく、家庭状況において生じた問題のため、なかなか可視化できないことに難しさがあります。

　したがって学校教育内で、全ての問題に課題解決をしていくことは難しいかと考えます。学校における教育相談支援体制を早急に充実していくことは必須と考えますが、「地域社会で子どもを育てる」

という観点から、地域社会で社会教育活動を展開している、「社会教育」の機能を活用していくことが、課題解決のために有効であると考えます。

　一定規模の公民館には、「家庭教育相談コーナー」を設置している施設も多くあり、また「子どもの貧困」等の対応や学習等の支援のために「子どもの居場所づくり」を設けている施設もあります。更に公民館は地域住民の交流の場となっており、人との交流の中から、家庭の状況と子どもの家庭教育における問題と課題を実態として把握できる機能も持っています。

　社会教育が家庭教育と学校教育を繋ぎ、地域社会全体で子どもを育てる環境をつくる体制を整備することが一刻も早く求められます。

　また、児童虐待、貧困、自殺などの家庭に関係した問題については、厚生労働省所管の社会福祉施設（保育所、児童館、児童相談所など）と学校、社会教育施設が密に連携・協働して対応していくことも必要であると考えます。

　次に厚生労働省が所管している、社会福祉施策の中の子ども（児童）家庭福祉への諸策と「社会教育」との関係について、みていきます。

【子どもの貧困対策の推進に関する法律】（平成 25 年 6 月 26 日）
（内閣府）

　子どもの将来がその生まれ育った環境によって左右されることのないよう、「児童の権利に関する条約」や「児童福祉法」の精神を踏まえ、基本理念「子どもの貧困対策に関する大綱」を定め、国及び地方公共団体の責務を明確にし、教育、経済支援等により、貧困の状況にある子どもが健やかに育成される環境を整備するとともに、教育の機会均等の子どもの貧困対策を総合的に推進することを目的とした法律です。

　第 3 条、第 4 条には国及び地方公共団体の責務が定められています。そして第 5 条には（国民の責務）として「国又は地方公共団体が実施する子どもの貧困対策に協力するよう努めなければならない。」と定めています。

8. 社会教育と子ども（児童）家庭福祉との連携協力の必要性

　子どもについての深刻な諸問題・課題について述べてきましたが、社会教育が家庭教育と学校教育との連携協力の中心になり先導して地域社会における教育施策を充実振興していくためには、社会福祉との連携協力の充実が必要と考えます。特に子どもと家庭教育ついての問題・課題が山積している中においては「子ども家庭福祉」分野との連携協力あるいは協働が必要になっています。

　従来から子どもと家族を対象とした社会教育施設事業活動として、図書館においては児童書のコーナーを充実させ、保護者と子どもを対象とした、「読み聞かせ」等の事業を実施しており、また博物館（美術館など）では「障害がある方への鑑賞会」、「障害をもった子どもへのワークショップ事業」などを実施しています。公民館においても家庭教育相談だけではなく、「子どもの貧困」等への家庭教育支援として、子どもへの学習支援等の「子どもの居場所づくり」を行っています。

　関連して、子ども家庭福祉においては、「子ども食堂」を社会福祉協議会のもと、福祉関係の NPO・団体等が実施しています。また、児童館が中心になり、学校施設内における「学童保育」の実施、子どもの成長への支援として、児童相談所、児童家庭教育支援センターが設置されています。

　社会教育と社会福祉は教育と福祉という違いはありますが、子どもの成長と成長のための環境整備の活動においては、社会教育と子ども家庭福祉は、考え方等において、共通していることが多々あります。特に子どもの育成、子育て環境である家庭、地域社会の問題・課題の解決については、社会教育と子ども家庭福祉と連携協力・協働で実行できることが多くあります。

　したがって社会教育行政は、社会福祉部局、福祉事務所、児童相談所、保健所、児童家庭支援センター、社会福祉法人等との連携協力を密にして、公民館等の社会教育施設においては、保育所（園）、

幼保連携型認定こども園、児童館等との連携協力・協働を促進していくことが求められます。

　また文科省及び教育委員会においては、審議会等の委員に子ども家庭福祉関係の児童福祉司、児童心理司、社会福祉主事、家庭相談員、保育士、児童厚生員など、児童福祉施設における専門職員等を入れることにより、教育と福祉の連携協力・協働を促進することが求められます。

　地域社会の教育力を高め、活性化するためには、家庭教育、学校教育、社会教育、子ども家庭福祉がネットワークを構築していくことが必要と考えます。そして社会教育行政がネットワーク構築の中心として活動することが求められます。

　上記を実行していくための根拠法令は、社会教育法第20条の公民館の目的として、「住民の教養の向上、健康の増進、情操の純化を図り、生活文化の振興、**社会福祉の増進**に寄与する」こととなっています。

　また憲法及び児童の権利に関する条約の理念にのっとり、「子ども・若者育成支援推進法」（平成21年7月8日公布）の第2条の（基本理念）の4号で、「子ども・若者育成支援において、**家庭、職域、地域その他の社会のあらゆる分野におけるすべての構成員が、各々の役割を果たすとともに、相互に協力しながら一体的に取り組むこと。**」そして5号において良好な社会環境の整備について定め、6号に「**教育、福祉、**保健、医療、矯正、更生保護、雇用その他の各関連分野における知見を総合して行うこと。」と定めています。

　更に「子ども・子育て支援法」（平成24年8月22日）の第2条1項に、「子ども・子育て支援は、父母その他の保護者が子育てについての第一義的責任を有するという基本的認識の下に、家庭、学校、地域、職域その他の社会のあらゆる分野における全ての構成員が、各々の役割を果たすとともに、相互に協力して行わなければならない。」と定めています。

　上記の法令からも、「社会教育」の役割と責任は重大であり、地

域における大人が学び、健やかに子どもを育てる環境を醸成していくことが必要になります。

9.　家庭教育支援と社会教育の役割

　「家庭教育」については、教育基本法の条文の中で触れましたが、ここでは過去の審議会答申に基づいて、今後の社会教育における、家庭教育支援について考えていきます。

　昭和56年（1981年）6月の中教審答申の「生涯教育について」の中で、家庭教育の充実について述べられており、内容については家庭教育をとりまく状況を説明した上で、（家庭教育への援助）として、「家庭の教育機能の低下が指摘されているが、その機能の充実を図っていくのは、究極のところ、個々の家庭の教育に対する熱意と自主的な努力である。」と家庭教育の主体は家庭であることを明らかにしました。

　このことを踏まえて、「家庭基盤の充実は、今日国民的な課題であり、従来から行政の各分野において種々の努力が払われてきているが、今後も家庭の教育機能を充実するための施策が求められる。」として、行政からの家庭教育への支援が必要であると述べられています。

　このことは平成10年（1998年）9月の生涯学習審議会答申の「社会の変化に対応した今後の社会教育行政の在り方について」の中でも、「**低下した家庭の教育力を回復していくためには、行政は積極的に家庭教育に対する支援を充実していくことが強く求められる。**」と同様のことを述べられています。

　今まで、公民館等の社会教育施設においては、家庭教育学級・講座などの保護者に対する学習機会や学習情報の提供を行い、子どもに対する相談体制を整備してきましたが、今後は社会教育行政において、更に充実した家庭教育支援を行っていくことが求められています。

そのためには子育てに無関心な保護者、子育てに不安や悩みがある保護者、子育てに関心はあるが日常生活において学ぶ余裕のない保護者等に対して、学校、子ども家庭福祉施設、民間等の関係者が連携協力して、情報技術等を駆使して、新たな事業を創設することにより、地域社会全体がより充実した家庭教育支援を行っていくことと国・地方公共団体がそのための基礎整備をしていくことが強く求められます。

10. 教育振興基本計画の検証と実行

　平成18年（2006年）に、教育基本法改正により新たに定められた「教育振興基本計画」（第17条）については前述しましたが、今一度整理しますと、1期は平成20年度から平成24年度、2期は平成25年度から平成29年度、3期は平成30年度から令和4年度の、各期5年ごとに教育の振興に関する施策についての基本的な方針及び講ずべき施策、その他の必要な事項について審議し基本的な計画を定め、国会に報告して、公表することになっています。つまり我が国の教育政策の方向性を決める重要な振興基本計画です。

　各期の振興基本計画の内容については、今まで国会においても大きな異論・反対はありませんでした。問題は各期の基本計画期間が終了した時点で施策の検証（調査分析）・評価及び改善が行われたかどうかです。

　1期、2期の基本計画の中には「進捗状況の点検及び計画の見直し」とありますが、各期の基本計画の検証・評価については公表されていません。あくまでも計画ですから、当然達成できたこと、できなかったこと、あるいは達成途上にあることなど、それぞれの施策について検証して、原因を明らかにするとともに、次期振興基本計画で見直し、政策に反映してくことが必要であると考えます。

　特に達成できていない施策と原因、改善策、全体の達成率などを公表することが、政府・行政に求められます。

　このことについての詳細は最後に触れます。今後は教育振興基本計画の原案になった、文科省所管の中央教育審議会の教育振興基本計画部会の答申はもとより、過去の中教審、社会教育審議会、生涯学習分科会などの各分科会の答申についても、点検・検証していくことも必要であると考えます。

　実態を調査・分析して、原因を明らかにし、施策の見直し・実行をしなければ、諸課題の解決にはなりません。

　基本計画については、前述しましたが、全体を通して整理し、再度述べます。

　第1期教育振興基本計画（平成20年）が出されてから、2期、3期と続き、昨年（令和5年3月）で15年が経ちました。文科省においては、ここを一つの区切りとして、各期の報告内容の事柄ごとに調査分析して、達成、未達成も含めた評価報告書を作成して、ホームページ等で公表していただきたいと考えます。

　教育の各分野別の統計数字等はホームページ等で公表されていますが、基本計画において、各教育施策に、どのような財政措置がされたのか、新たな法律が制定されたのか、教育政策がどのように改善されたのか、などの総体的で詳細な評価報告書を作成して、今の教育の現状を国民に理解していただくことが必要かと考えます。

　昨年（令和5年）から第4期の基本振興計画に基づいた教育政策が5年間、実行されますが、前期の基本計画を踏まえて、教育に関する多くの課題に対応していただきたいと考えます。

Ⅷ 人づくり・地域社会づくりの「社会教育」について

　平成 30 年（2018 年）12 月 2 日に中教審から、「人口減少時代の新しい地域づくりに向けた社会教育の振興方策について」の答申が出されました。その中に「社会教育」を基盤とした、「人づくり・つながりづくり・地域づくり」という言葉が示されました。

　元々これらの言葉は昭和 24 年（1949 年）の社会教育法制定から、社会教育がもっている教育機能であり、これらのことを根底に、社会教育行政における社会教育関係者は公民館等の社会教育施設を中心に社会教育を振興してきました。

　人口減少、少子化、高齢化に伴う教育における諸課題は、国の基盤を揺るがす深刻な問題です。また地域社会は、大都市への人口の移動による地域間格差、教育格差が生じています。この当面の問題・課題に対応するためには、「社会教育」がもつ教育機能を最大限に活用して施策を実施していくことが諸々の課題解決に大きな役割を果たすと考えられます。

　「人づくり・地域づくり」をするために「社会教育」を再構築して、その基本的な教育機能において、何ができるか考えたいと思います。

1. 歴史と文化の伝承からの地域づくり

　日本国内では大都市、中小都市、海に近い街、山間にある街、島しょ部など様々な所に人が住んでいます。また北海道から沖縄まで気候条件等の地理的条件が違い、地域社会によって生活環境が違います。

　ただ共通していることは、どの地域社会であっても人々が住んでいる場所には歴史と文化があります。

　昭和から平成にかけて、各地の公民館等を訪問した時は、地域社

会の大人が中心になって、子どもに「地元のお祭りの歴史と仕方」を伝える活動をしていました。また別の地域では、「地元に伝わる踊り」、「地元の産業になっている陶芸教室」などの様々な活動を、大人と子どもが一緒になり、歴史と文化を知る事業として実施していました。

　また全国の図書館には郷土の歴史と文化がわかる図書資料等が備えられており、博物館には郷土にゆかりのある歴史上の著名人（学者、芸術家、小説家など）の資料が保管・展示されています。

　現在では、今まで以上に多くの歴史と文化を伝承する事業が、公民館等の社会教育施設で行われています。また新たに、地域における歴史を知り、文化を創る、多様な事業も展開されています。

　「社会教育」の教育機能として、大人と子どもが共に学べる場ができることにより、大人にとっては、今まで生きてきた経験からの知識と技術を活かすことができます。特に仕事を引退した高齢者は、その経験からの知識・技術を、次代を担う子どもに伝えていくことができます。

　また子どもにとっては家庭と学校以外で、地域における生活体験・社会体験等を学ぶことができます。また異年齢の子どもとの交流、在日外国人との交流等を通して、人との関係を学ぶことができます。このことは子どもが成長していく上で、たいへん必要なことであると考えます。

　地域社会に住む人々が、郷土の歴史と文化を学び、次の時代に伝えていくことは大切なことであり、社会教育活動を通して、地域における新たな文化を創意工夫して、創造していくことにより、地域社会を活性化することが、「地域づくり」に繋がります。

2. 人と人が繋がる、地域社会と「社会教育」

　公民館は、従来から地域社会住民の交流の場になっており、多くの団体・グループ・ボランティア団体が館に登録して、日々、社会

教育活動をしています。

　図書館においても、前述した通り親（保護者）子を対象とした「読み聞かせ」、「紙芝居」等の多様な事業を行っています。また博物館においても、子どもから大人までを対象とした、「歴史・文化の探求」などの現地学習、「美術等の創作・工作」などのワークショップ事業などを行っています。

　図書館、博物館においても多くの団体・グループ・ボランティア団体が館の事業に参画しています。更に公民館等の社会教育施設が実施した社会教育活動の事業から生まれた団体・グループ・ボランティア団体等も多数あります。このことから社会教育活動が人と人との交流の基盤になっていることが分かります。

　また、特に都市以外の市町村における公民館が、学習の場だけではなく、台風・大雨等の自然災害からの避難所になっていることからも、公民館が地域社会住民の生活に密接に関係していることが分かります。

　今後は少子化、高齢化に対応する事業、また地域により、在住外国人との繋がりのために、「日本語講座」、「日本の生活文化講習」などの事業が必要になると考えます。

　更に社会の変化による新たな生活への課題、地域社会への課題解決のための事業も必要になっています。

　人が学び、豊かな人生を送り、地域での生活を安心・安全に営むためには、人と人が繋がり、地域社会住民が連携協力して、「地域づくり」をしていくことが必要になっています。

　そのためには地域と地域の地域間での連携協力、大学、民間、団体等との連携協力などが必要になると考えます。

3. 現代の課題に対応するための「社会教育」

　現在、「社会教育」は三つの課題対応を求められていると考えます。第一は、従来から、「社会教育」の基軸である、個人の多種多様な

学習への要望に応えていくことを、充実振興することです。そのためには学習者が日本のどこに住んでいても学習ができる体制を整備することが必要です。

　つまり子どもから大人までの「人づくり」に欠かせない、「社会教育」の基盤整備の構築です。

　第二は、子育てに不安と悩みのある保護者への相談対応、「子どもの貧困」などの課題がある家庭への支援、いじめ・不登校などの子どもの課題を多く抱えた学校との連携・協働です。昭和の時代は公民館においては、「成人教育」が主として行われてきましたが、現在では公民館の中に「子どもの居場所」を設け、学習支援、生活体験・社会体験等を通じた、子どもを健全に育成するための支援事業なども行っています。

　以上から「社会教育」が「家庭教育」（支援）と「学校教育」（連携・協働）を繋げる役割を強く求められています。

　第三は、地域社会に住む、人と人を繋げ、地域の教育力を高め、地域を活性化する「地域づくり」を再生する役割です。

　地域社会の力を再活性化するためには、まず地域社会の住民が安全・安心で、生活できることが基本です。そのためには地域社会に住む、人と人が繋がることが必要です。

　現状では、子どもを健やかに育てる環境づくり、自然災害からの防災対策、犯罪等からの防犯対策、感染症の予防対策、家庭・高齢者への支援など、生活における課題、地域社会における課題が山積しています。これらの課題は、地域社会全体で取り組まなければ、課題解決をすることができないと考えます。

　そのため社会教育行政は公民館等の社会教育施設から地域社会住民の声を聞き、地域社会住民に対して課題への情報提供を求め共有を図り、対応する課題解決のための事業等を実施していくことが求められています。

　国の基盤を形成するには、人づくりのための教育の力が必要不可欠です。「社会教育」はもちろん「家庭教育」、「学校教育」の教育

の三主体が連携・協働することが、今こそ求められています。

4. 国と地方公共団体の先導的な役割と責任

　国内の教育の実態、統計等から、我が国の教育は問題・課題が山積しており、現在、教育が危機的な状況にあることは前述した通りです。

　国及び地方公共団体は、法令と「教育振興基本計画」に基づき、教育の制度設計を抜本的に検討することが喫緊に必要と考えます。

　そして令和5年度（2023年度）から「教育振興基本計画」が第4期に入りますが、この基本計画に基づいた「教育予算」と人員を確保し、課題解決の施策を実行していくことが必要になっています。

　文科省の予算の内容については、前述しましたが、毎年一定の予算枠の中で教育行政を担っているため、新たな教育への問題・課題に対応できない状況になっており、直ぐに効果がでない「教育」の概念を見据えた中長期の予算措置と、それに見合う定員を早急に配置して、対策をとることが求められます。

　また国及び地方公共団体は、法令の改正、予算措置等の体制整備だけではなく、「自助」、「共助（互助）」、「公助」の考えのもと、公助とともに共助（互助）と一体となるような施策を推進することが必要です。

　教育の諸課題を解決するためには、現在の教育に関する問題・課題を認識の上、国が将来を見据え、新たな時代に対応する教育政策を明確にして、必要な予算措置等に基づき、地方公共団体と連携・協働して政策を実行することが必要です。

おわりに
～「教育」の再生と期待～

　これまで法令、審議会答申、教育振興基本計画等の内容から、社会教育行政を中心に、「社会教育」の経緯と現状等についてみてきました。結論では、「社会教育」は現状においては、決して充実振興されている状態ではなく、むしろ衰退している状態であると考えます。

　そのため社会教育について、今一度検証して、制度あるいは仕組みの再構築をすることが、早急に必要であると考えました。

　社会教育だけではなく、学校教育・家庭教育も深刻な問題・課題が山積している中、このままの状態では「家庭教育」、「学校教育」、「社会教育」の教育を担う三主体が機能しなくなり、日本の教育が危機的な状況になるのではないかという危惧すら感じます。

　言うまでもなく、「教育」は国の基盤を形成するものであり、「教育」が衰退して崩壊すれば、国そのものが成り立たない状態になります。

　特に次代を担う子どもには、その成長において、「教育」はなくてはならないものです。また平均寿命が延びている現状においては、学校を離れた大人にも社会の変化により、職業・生活などについて新たに学ぶことが必要になっています。

　更に教育に対する財政的措置が不足していることが、少子化の大きな要因のひとつであり、その結果、教育格差を増長するとともに、地域社会の教育力を低下させ、地域社会の活力を低下させたと考えます。

　国の基盤を形成して、社会の激しい変化に対応していくためには、「人づくり」である教育の充実が必要不可欠です。そのためには国、地方公共団体、地域社会、保護者、全ての大人が、「人づくり」に取り組むことが早急に求められます。

　昭和の時代に、すべての人が「いつでも、どこもでも、だれで

も」という「社会教育」を表す言葉がありました。この言葉は過去の言葉ではなく、社会が急激に変化している現在において、最も必要な言葉です。また文科省は、平成21年（2009年）4月からの学習指導要領の改訂にあたり、「生きる力」として、その意味を「変化の激しいこれからの社会を生きるために、確かな学力、豊かな人間性、健康・体力の知・徳・体をバランスよく育てることが大切です。」として公表しました。「生きる力」は子どもだけではなく大人にとっても、今でも必要な言葉です。

　更に言えば、現代の急激な社会構造の変化に対応するためには、「生きる力」という言葉よりも、「生き抜く力」という言葉が相応しいかと考えます。

　過去の社会教育施策においては、平成14年度（2002年度）から実施される「完全学校週5日制」に向けて、当時の文部省生涯学習局が中心になり、子どもを地域社会において育てていくことを目的として、「全国子どもプラン（緊急三か年計画）」を実施しました。実施にあたり、当時の文部省はもちろんですが、関係省庁、地方公共団体（教育委員会を中心に）、企業、社会教育関係団体などが連携協力しました。

　活動内容は、全国の公民館・図書館・博物館・青少年施設・学校・教育センターなどを活用して、衛星通信による「子供放送局」の設置、「子供センター」の全国展開、子どもたちの体験活動の機会と場の拡充、24時間子供・家庭教育電話相談などを実施しました。この「全国子どもプラン」は、「社会教育」の考え方、教育機能に基づいて実施されました。

　教育における深刻な問題・課題が山積している現状においては、国が学校教育、社会教育を再構築する施策を企画し、また新たな家庭教育支援の方策を考えるとともに、教育振興基本計画内容に基づき、10年後、20年後の国の将来を見据えた「教育再生緊急10か年（あるいは20か年）行動計画」として作成し、喫緊に実行することが求められていると考えます。

最後に、「社会教育」が充実振興され、今まで以上に学習を通じた「子どもの居場所、大人の居場所」を地域社会に設け、「子どもも大人も楽しく学ぶ」社会になり、その結果、地域社会の教育力を高めて、地域社会を活性化することにより、すべての人が豊かな人生を過ごせる社会になることを切に願っています。

　本書を出版するにあたり、特別支援教育等の教育関係出版に実績のある、ジアース教育新社の加藤勝博社長には、諸々のご助言をいただいたことに深く感謝申し上げます。また、編集等にたいへんなご尽力をいただいた西村聡子さん、春原雅彦さんに心から御礼申し上げます。

令和6年1月

髙　尾　　展　明

関係法律

日本国憲法（全文）

教育基本法（全文）

社会教育法（全文）

図 書 館 法（全文）

博 物 館 法（全文）

昭和二十一年憲法

日本国憲法

　日本国民は、正当に選挙された国会における代表者を通じて行動し、われらとわれらの子孫のために、諸国民との協和による成果と、わが国全土にわたつて自由のもたらす恵沢を確保し、政府の行為によつて再び戦争の惨禍が起ることのないやうにすることを決意し、ここに主権が国民に存することを宣言し、この憲法を確定する。そもそも国政は、国民の厳粛な信託によるものであつて、その権威は国民に由来し、その権力は国民の代表者がこれを行使し、その福利は国民がこれを享受する。これは人類普遍の原理であり、この憲法は、かかる原理に基くものである。われらは、これに反する一切の憲法、法令及び詔勅を排除する。

　日本国民は、恒久の平和を念願し、人間相互の関係を支配する崇高な理想を深く自覚するのであつて、平和を愛する諸国民の公正と信義に信頼して、われらの安全と生存を保持しようと決意した。われらは、平和を維持し、専制と隷従、圧迫と偏狭を地上から永遠に除去しようと努めてゐる国際社会において、名誉ある地位を占めたいと思ふ。われらは、全世界の国民が、ひとしく恐怖と欠乏から免かれ、平和のうちに生存する権利を有することを確認する。

　われらは、いづれの国家も、自国のことのみに専念して他国を無視してはならないのであつて、政治道徳の法則は、普遍的なものであり、この法則に従ふことは、自国の主権を維持し、他国と対等関係に立たうとする各国の責務であると信ずる。

　日本国民は、国家の名誉にかけ、全力をあげてこの崇高な理想と目的を達成することを誓ふ。

第一章　天皇

第一条　天皇は、日本国の象徴であり日本国民統合の象徴であつて、この地位は、主権の存する日本国民の総意に基く。

第二条　皇位は、世襲のものであつて、国会の議決した皇室典範の定めるところにより、これを継承する。

第三条　天皇の国事に関するすべての行為には、内閣の助言と承認を必要とし、内閣が、その責任を負ふ。

第四条　天皇は、この憲法の定める国事に関する行為のみを行ひ、国政に関する権能を有しない。

②　天皇は、法律の定めるところにより、その国事に関する行為を委任することができる。

第五条　皇室典範の定めるところにより摂政を置くときは、摂政は、天皇の名でその国事に関する行為を行ふ。この場合には、前条第一項の規定を準用する。

第六条　天皇は、国会の指名に基いて、内閣総理大臣を任命する。

②　天皇は、内閣の指名に基いて、最高裁判所の長たる裁判官を任命する。

第七条　天皇は、内閣の助言と承認により、国民のために、左の国事に関する行為を行ふ。

一　憲法改正、法律、政令及び条約を公布すること。

二　国会を召集すること。

三　衆議院を解散すること。

四　国会議員の総選挙の施行を公示すること。

五　国務大臣及び法律の定めるその他の官吏の任免並びに全権委任状及び大使及び公使の信任状を認証すること。

六　大赦、特赦、減刑、刑の執行の免除及び復権を認証すること。

七　栄典を授与すること。

八　批准書及び法律の定めるその他の外交文書を認証すること。

九　外国の大使及び公使を接受すること。

十　儀式を行ふこと。

第八条　皇室に財産を譲り渡し、又は皇室が、財産を譲り受け、若しくは賜与することは、国会の議決に基かなければならない。

第二章　戦争の放棄

第九条　日本国民は、正義と秩序を基調とする国際平和を誠実に希求し、国権の発動たる戦争と、武力による威嚇又は武力の行使は、国際紛争を解決する手段としては、永久にこれを放棄する。

② 　前項の目的を達するため、陸海空軍その他の戦力は、これを保持しない。国の交戦権は、これを認めない。

第三章　国民の権利及び義務

第十条　日本国民たる要件は、法律でこれを定める。

第十一条　国民は、すべての基本的人権の享有を妨げられない。この憲法が国民に保障する基本的人権は、侵すことのできない永久の権利として、現在及び将来の国民に与へられる。

第十二条　この憲法が国民に保障する自由及び権利は、国民の不断の努力によつて、これを保持しなければならない。又、国民は、これを濫用してはならないのであつて、常に公共の福祉のためにこれを利用する責任を負ふ。

第十三条　すべて国民は、個人として尊重される。生命、自由及び幸福追求に対する国民の権利については、公共の福祉に反しない限り、立法その他の国政の上で、最大の尊重を必要とする。

第十四条　すべて国民は、法の下に平等であつて、人種、信条、性別、社会的身分又は門地により、政治的、経済的又は社会的関係において、差別されない。

② 　華族その他の貴族の制度は、これを認めない。

③ 　栄誉、勲章その他の栄典の授与は、いかなる特権も伴はない。栄典の授与は、現にこれを有し、又は将来これを受ける者の一代に限り、その効力を有する。

第十五条　公務員を選定し、及びこれを罷免することは、国民固有の権利である。

② 　すべて公務員は、全体の奉仕者であつて、一部の奉仕者ではない。

③ 　公務員の選挙については、成年者による普通選挙を保障する。

④ 　すべて選挙における投票の秘密は、これを侵してはならない。選挙人は、その選択に関し公的にも私的にも責任を問はれない。

第十六条　何人も、損害の救済、公務員の罷免、法律、命令又は規則の制定、廃止又は改正その他の事項に関し、平穏に請願する権利を有し、何人も、かかる請願をしたためにいかなる差別待遇も受けない。

第十七条　何人も、公務員の不法行為により、損害を受けたときは、法律の定めるところにより、国又は公共団体に、その賠償を求めることができる。

第十八条　何人も、いかなる奴隷的拘束も受けない。又、犯罪に因る処罰の場合を除いては、その意に反する苦役に服させられない。

第十九条　思想及び良心の自由は、これを侵してはならない。

第二十条　信教の自由は、何人に対してもこれを保障する。いかなる宗教団体も、国から特権を受け、又は政治上の権力を行使してはならない。

② 　何人も、宗教上の行為、祝典、儀式又は行事に参加することを強制されない。

③ 　国及びその機関は、宗教教育その他いかなる宗教的活動もしてはならない。

第二十一条　集会、結社及び言論、出版その他一切の表現の自由は、これを保障する。

② 　検閲は、これをしてはならない。通信の秘密は、これを侵してはならない。

第二十二条　何人も、公共の福祉に反しない限り、居住、移転及び職業選択の自由を有する。

② 　何人も、外国に移住し、又は国籍を離脱する自由を侵されない。

第二十三条 学問の自由は、これを保障する。

第二十四条 婚姻は、両性の合意のみに基いて成立し、夫婦が同等の権利を有することを基本として、相互の協力により、維持されなければならない。

② 配偶者の選択、財産権、相続、住居の選定、離婚並びに婚姻及び家族に関するその他の事項に関しては、法律は、個人の尊厳と両性の本質的平等に立脚して、制定されなければならない。

第二十五条 すべて国民は、健康で文化的な最低限度の生活を営む権利を有する。

② 国は、すべての生活部面について、社会福祉、社会保障及び公衆衛生の向上及び増進に努めなければならない。

第二十六条 すべて国民は、法律の定めるところにより、その能力に応じて、ひとしく教育を受ける権利を有する。

② すべて国民は、法律の定めるところにより、その保護する子女に普通教育を受けさせる義務を負ふ。義務教育は、これを無償とする。

第二十七条 すべて国民は、勤労の権利を有し、義務を負ふ。

② 賃金、就業時間、休息その他の勤労条件に関する基準は、法律でこれを定める。

③ 児童は、これを酷使してはならない。

第二十八条 勤労者の団結する権利及び団体交渉その他の団体行動をする権利は、これを保障する。

第二十九条 財産権は、これを侵してはならない。

② 財産権の内容は、公共の福祉に適合するやうに、法律でこれを定める。

③ 私有財産は、正当な補償の下に、これを公共のために用ひることができる。

第三十条 国民は、法律の定めるところにより、納税の義務を負ふ。

第三十一条 何人も、法律の定める手続によらなければ、その生命若しくは自由を奪はれ、又はその他の刑罰を科せられない。

第三十二条 何人も、裁判所において裁判を受ける権利を奪はれない。

第三十三条 何人も、現行犯として逮捕される場合を除いては、権限を有する司法官憲が発し、且つ理由となつてゐる犯罪を明示する令状によらなければ、逮捕されない。

第三十四条 何人も、理由を直ちに告げられ、且つ、直ちに弁護人に依頼する権利を与へられなければ、抑留又は拘禁されない。又、何人も、正当な理由がなければ、拘禁されず、要求があれば、その理由は、直ちに本人及びその弁護人の出席する公開の法廷で示されなければならない。

第三十五条 何人も、その住居、書類及び所持品について、侵入、捜索及び押収を受けることのない権利は、第三十三条の場合を除いては、正当な理由に基いて発せられ、且つ捜索する場所及び押収する物を明示する令状がなければ、侵されない。

② 捜索又は押収は、権限を有する司法官憲が発する各別の令状により、これを行ふ。

第三十六条 公務員による拷問及び残虐な刑罰は、絶対にこれを禁ずる。

第三十七条 すべて刑事事件においては、被告人は、公平な裁判所の迅速な公開裁判を受ける権利を有する。

② 刑事被告人は、すべての証人に対して審問する機会を充分に与へられ、又、公費で自己のために強制的手続により証人を求める権利を有する。

③ 刑事被告人は、いかなる場合にも、資格を有する弁護人を依頼することができる。被告人が自らこれを依頼することができないときは、国でこれを附する。

第三十八条 何人も、自己に不利益な供述を強要されない。

② 強制、拷問若しくは脅迫による自白又は不当に長く抑留若しくは拘禁された後の自白は、これを証拠とすることができない。

③ 何人も、自己に不利益な唯一の証拠が本人の自白である場合には、有罪とされ、又は刑罰を科せられない。

第三十九条　何人も、実行の時に適法であつた行為又は既に無罪とされた行為については、刑事上の責任を問はれない。又、同一の犯罪について、重ねて刑事上の責任を問はれない。

第四十条　何人も、抑留又は拘禁された後、無罪の裁判を受けたときは、法律の定めるところにより、国にその補償を求めることができる。

第四章　国会

第四十一条　国会は、国権の最高機関であつて、国の唯一の立法機関である。

第四十二条　国会は、衆議院及び参議院の両議院でこれを構成する。

第四十三条　両議院は、全国民を代表する選挙された議員でこれを組織する。

②　両議院の議員の定数は、法律でこれを定める。

第四十四条　両議院の議員及びその選挙人の資格は、法律でこれを定める。但し、人種、信条、性別、社会的身分、門地、教育、財産又は収入によつて差別してはならない。

第四十五条　衆議院議員の任期は、四年とする。但し、衆議院解散の場合には、その期間満了前に終了する。

第四十六条　参議院議員の任期は、六年とし、三年ごとに議員の半数を改選する。

第四十七条　選挙区、投票の方法その他両議院の議員の選挙に関する事項は、法律でこれを定める。

第四十八条　何人も、同時に両議院の議員たることはできない。

第四十九条　両議院の議員は、法律の定めるところにより、国庫から相当額の歳費を受ける。

第五十条　両議院の議員は、法律の定める場合を除いては、国会の会期中逮捕されず、会期前に逮捕された議員は、その議院の要求があれば、会期中これを釈放しなければならない。

第五十一条　両議院の議員は、議院で行つた演説、討論又は表決について、院外で責任を問はれない。

第五十二条　国会の常会は、毎年一回これを召集する。

第五十三条　内閣は、国会の臨時会の召集を決定することができる。いづれかの議院の総議員の四分の一以上の要求があれば、内閣は、その召集を決定しなければならない。

第五十四条　衆議院が解散されたときは、解散の日から四十日以内に、衆議院議員の総選挙を行ひ、その選挙の日から三十日以内に、国会を召集しなければならない。

②　衆議院が解散されたときは、参議院は、同時に閉会となる。但し、内閣は、国に緊急の必要があるときは、参議院の緊急集会を求めることができる。

③　前項但書の緊急集会において採られた措置は、臨時のものであつて、次の国会開会の後十日以内に、衆議院の同意がない場合には、その効力を失ふ。

第五十五条　両議院は、各々その議員の資格に関する争訟を裁判する。但し、議員の議席を失はせるには、出席議員の三分の二以上の多数による議決を必要とする。

第五十六条　両議院は、各々その総議員の三分の一以上の出席がなければ、議事を開き議決することができない。

②　両議院の議事は、この憲法に特別の定のある場合を除いては、出席議員の過半数でこれを決し、可否同数のときは、議長の決するところによる。

第五十七条　両議院の会議は、公開とする。但し、出席議員の三分の二以上の多数で議決したときは、秘密会を開くことができる。

②　両議院は、各々その会議の記録を保存し、秘密会の記録の中で特に秘密を要すると認められるもの以外は、これを公表し、且つ一般に頒布しなければならない。

③　出席議員の五分の一以上の要求があれば、各議員の表決は、これを会議録に記載しなければならない。

第五十八条　両議院は、各々その議長その他の役員を選任する。

②　両議院は、各々その会議その他の手続及び内部の規律に関する規則を定め、又、院内の秩序をみだした議員を懲罰することができる。但し、議員を除名するには、出席議員の三分の二以上の多数

による議決を必要とする。

第五十九条　法律案は、この憲法に特別の定のある場合を除いては、両議院で可決したとき法律となる。

②　衆議院で可決し、参議院でこれと異なつた議決をした法律案は、衆議院で出席議員の三分の二以上の多数で再び可決したときは、法律となる。

③　前項の規定は、法律の定めるところにより、衆議院が、両議院の協議会を開くことを求めることを妨げない。

④　参議院が、衆議院の可決した法律案を受け取つた後、国会休会中の期間を除いて六十日以内に、議決しないときは、衆議院は、参議院がその法律案を否決したものとみなすことができる。

第六十条　予算は、さきに衆議院に提出しなければならない。

②　予算について、参議院で衆議院と異なつた議決をした場合に、法律の定めるところにより、両議院の協議会を開いても意見が一致しないとき、又は参議院が、衆議院の可決した予算を受け取つた後、国会休会中の期間を除いて三十日以内に、議決しないときは、衆議院の議決を国会の議決とする。

第六十一条　条約の締結に必要な国会の承認については、前条第二項の規定を準用する。

第六十二条　両議院は、各々国政に関する調査を行ひ、これに関して、証人の出頭及び証言並びに記録の提出を要求することができる。

第六十三条　内閣総理大臣その他の国務大臣は、両議院の一に議席を有すると有しないとにかかはらず、何時でも議案について発言するため議院に出席することができる。又、答弁又は説明のため出席を求められたときは、出席しなければならない。

第六十四条　国会は、罷免の訴追を受けた裁判官を裁判するため、両議院の議員で組織する弾劾裁判所を設ける。

②　弾劾に関する事項は、法律でこれを定める。

第五章　内閣

第六十五条　行政権は、内閣に属する。

第六十六条　内閣は、法律の定めるところにより、その首長たる内閣総理大臣及びその他の国務大臣でこれを組織する。

②　内閣総理大臣その他の国務大臣は、文民でなければならない。

③　内閣は、行政権の行使について、国会に対し連帯して責任を負ふ。

第六十七条　内閣総理大臣は、国会議員の中から国会の議決で、これを指名する。この指名は、他のすべての案件に先だつて、これを行ふ。

②　衆議院と参議院とが異なつた指名の議決をした場合に、法律の定めるところにより、両議院の協議会を開いても意見が一致しないとき、又は衆議院が指名の議決をした後、国会休会中の期間を除いて十日以内に、参議院が、指名の議決をしないときは、衆議院の議決を国会の議決とする。

第六十八条　内閣総理大臣は、国務大臣を任命する。但し、その過半数は、国会議員の中から選ばれなければならない。

②　内閣総理大臣は、任意に国務大臣を罷免することができる。

第六十九条　内閣は、衆議院で不信任の決議案を可決し、又は信任の決議案を否決したときは、十日以内に衆議院が解散されない限り、総辞職をしなければならない。

第七十条　内閣総理大臣が欠けたとき、又は衆議院議員総選挙の後に初めて国会の召集があつたときは、内閣は、総辞職をしなければならない。

第七十一条　前二条の場合には、内閣は、あらたに内閣総理大臣が任命されるまで引き続きその職務を行ふ。

第七十二条　内閣総理大臣は、内閣を代表して議案を国会に提出し、一般国務及び外交関係について

国会に報告し、並びに行政各部を指揮監督する。

第七十三条　内閣は、他の一般行政事務の外、左の事務を行ふ。

一　法律を誠実に執行し、国務を総理すること。

二　外交関係を処理すること。

三　条約を締結すること。但し、事前に、時宜によつては事後に、国会の承認を経ることを必要とする。

四　法律の定める基準に従ひ、官吏に関する事務を掌理すること。

五　予算を作成して国会に提出すること。

六　この憲法及び法律の規定を実施するために、政令を制定すること。但し、政令には、特にその法律の委任がある場合を除いては、罰則を設けることができない。

七　大赦、特赦、減刑、刑の執行の免除及び復権を決定すること。

第七十四条　法律及び政令には、すべて主任の国務大臣が署名し、内閣総理大臣が連署することを必要とする。

第七十五条　国務大臣は、その在任中、内閣総理大臣の同意がなければ、訴追されない。但し、これがため、訴追の権利は、害されない。

第六章　司法

第七十六条　すべて司法権は、最高裁判所及び法律の定めるところにより設置する下級裁判所に属する。

②　特別裁判所は、これを設置することができない。行政機関は、終審として裁判を行ふことができない。

③　すべて裁判官は、その良心に従ひ独立してその職権を行ひ、この憲法及び法律にのみ拘束される。

第七十七条　最高裁判所は、訴訟に関する手続、弁護士、裁判所の内部規律及び司法事務処理に関する事項について、規則を定める権限を有する。

②　検察官は、最高裁判所の定める規則に従はなければならない。

③　最高裁判所は、下級裁判所に関する規則を定める権限を、下級裁判所に委任することができる。

第七十八条　裁判官は、裁判により、心身の故障のために職務を執ることができないと決定された場合を除いては、公の弾劾によらなければ罷免されない。裁判官の懲戒処分は、行政機関がこれを行ふことはできない。

第七十九条　最高裁判所は、その長たる裁判官及び法律の定める員数のその他の裁判官でこれを構成し、その長たる裁判官以外の裁判官は、内閣でこれを任命する。

②　最高裁判所の裁判官の任命は、その任命後初めて行はれる衆議院議員総選挙の際国民の審査に付し、その後十年を経過した後初めて行はれる衆議院議員総選挙の際更に審査に付し、その後も同様とする。

③　前項の場合において、投票者の多数が裁判官の罷免を可とするときは、その裁判官は、罷免される。

④　審査に関する事項は、法律でこれを定める。

⑤　最高裁判所の裁判官は、法律の定める年齢に達した時に退官する。

⑥　最高裁判所の裁判官は、すべて定期に相当額の報酬を受ける。この報酬は、在任中、これを減額することができない。

第八十条　下級裁判所の裁判官は、最高裁判所の指名した者の名簿によつて、内閣でこれを任命する。その裁判官は、任期を十年とし、再任されることができる。但し、法律の定める年齢に達した時には退官する。

②　下級裁判所の裁判官は、すべて定期に相当額の報酬を受ける。この報酬は、在任中、これを減額することができない。

第八十一条　最高裁判所は、一切の法律、命令、規則又は処分が憲法に適合するかしないかを決定する権限を有する終審裁判所である。

第八十二条 裁判の対審及び判決は、公開法廷でこれを行ふ。

② 裁判所が、裁判官の全員一致で、公の秩序又は善良の風俗を害する虞があると決した場合には、対審は、公開しないでこれを行ふことができる。但し、政治犯罪、出版に関する犯罪又はこの憲法第三章で保障する国民の権利が問題となつてゐる事件の対審は、常にこれを公開しなければならない。

第七章　財政

第八十三条 国の財政を処理する権限は、国会の議決に基いて、これを行使しなければならない。

第八十四条 あらたに租税を課し、又は現行の租税を変更するには、法律又は法律の定める条件によることを必要とする。

第八十五条 国費を支出し、又は国が債務を負担するには、国会の議決に基くことを必要とする。

第八十六条 内閣は、毎会計年度の予算を作成し、国会に提出して、その審議を受け議決を経なければならない。

第八十七条 予見し難い予算の不足に充てるため、国会の議決に基いて予備費を設け、内閣の責任でこれを支出することができる。

② すべて予備費の支出については、内閣は、事後に国会の承諾を得なければならない。

第八十八条 すべて皇室財産は、国に属する。すべて皇室の費用は、予算に計上して国会の議決を経なければならない。

第八十九条 公金その他の公の財産は、宗教上の組織若しくは団体の使用、便益若しくは維持のため、又は公の支配に属しない慈善、教育若しくは博愛の事業に対し、これを支出し、又はその利用に供してはならない。

第九十条 国の収入支出の決算は、すべて毎年会計検査院がこれを検査し、内閣は、次の年度に、その検査報告とともに、これを国会に提出しなければならない。

② 会計検査院の組織及び権限は、法律でこれを定める。

第九十一条 内閣は、国会及び国民に対し、定期に、少くとも毎年一回、国の財政状況について報告しなければならない。

第八章　地方自治

第九十二条 地方公共団体の組織及び運営に関する事項は、地方自治の本旨に基いて、法律でこれを定める。

第九十三条 地方公共団体には、法律の定めるところにより、その議事機関として議会を設置する。

② 地方公共団体の長、その議会の議員及び法律の定めるその他の吏員は、その地方公共団体の住民が、直接これを選挙する。

第九十四条 地方公共団体は、その財産を管理し、事務を処理し、及び行政を執行する権能を有し、法律の範囲内で条例を制定することができる。

第九十五条 一の地方公共団体のみに適用される特別法は、法律の定めるところにより、その地方公共団体の住民の投票においてその過半数の同意を得なければ、国会は、これを制定することができない。

第九章　改正

第九十六条 この憲法の改正は、各議院の総議員の三分の二以上の賛成で、国会が、これを発議し、国民に提案してその承認を経なければならない。この承認には、特別の国民投票又は国会の定める選挙の際行はれる投票において、その過半数の賛成を必要とする。

② 憲法改正について前項の承認を経たときは、天皇は、国民の名で、この憲法と一体を成すものとして、直ちにこれを公布する。

第十章　最高法規

第九十七条 この憲法が日本国民に保障する基本的人権は、人類の多年にわたる自由獲得の努力の成

果であつて、これらの権利は、過去幾多の試錬に堪へ、現在及び将来の国民に対し、侵すことのできない永久の権利として信託されたものである。

第九十八条　この憲法は、国の最高法規であつて、その条規に反する法律、命令、詔勅及び国務に関するその他の行為の全部又は一部は、その効力を有しない。

②　日本国が締結した条約及び確立された国際法規は、これを誠実に遵守することを必要とする。

第九十九条　天皇又は摂政及び国務大臣、国会議員、裁判官その他の公務員は、この憲法を尊重し擁護する義務を負ふ。

第十一章　補則

第百条　この憲法は、公布の日から起算して六箇月を経過した日から、これを施行する。

②　この憲法を施行するために必要な法律の制定、参議院議員の選挙及び国会召集の手続並びにこの憲法を施行するために必要な準備手続は、前項の期日よりも前に、これを行ふことができる。

第百一条　この憲法施行の際、参議院がまだ成立してゐないときは、その成立するまでの間、衆議院は、国会としての権限を行ふ。

第百二条　この憲法による第一期の参議院議員のうち、その半数の者の任期は、これを三年とする。その議員は、法律の定めるところにより、これを定める。

第百三条　この憲法施行の際現に在職する国務大臣、衆議院議員及び裁判官並びにその他の公務員で、その地位に相応する地位がこの憲法で認められてゐる者は、法律で特別の定をした場合を除いては、この憲法施行のため、当然にはその地位を失ふことはない。但し、この憲法によつて、後任者が選挙又は任命されたときは、当然その地位を失ふ。

平成十八年法律第百二十号

教育基本法

教育基本法（昭和二十二年法律第二十五号）の全部を改正する。

目次

前文

　我々日本国民は、たゆまぬ努力によって築いてきた民主的で文化的な国家を更に発展させるとともに、世界の平和と人類の福祉の向上に貢献することを願うものである。

　我々は、この理想を実現するため、個人の尊厳を重んじ、真理と正義を希求し、公共の精神を尊び、豊かな人間性と創造性を備えた人間の育成を期するとともに、伝統を継承し、新しい文化の創造を目指す教育を推進する。

　ここに、我々は、日本国憲法の精神にのっとり、我が国の未来を切り拓く教育の基本を確立し、その振興を図るため、この法律を制定する。

第一章　教育の目的及び理念

（教育の目的）

第一条　教育は、人格の完成を目指し、平和で民主的な国家及び社会の形成者として必要な資質を備えた心身ともに健康な国民の育成を期して行われなければならない。

（教育の目標）

第二条　教育は、その目的を実現するため、学問の自由を尊重しつつ、次に掲げる目標を達成するよう行われるものとする。

一　幅広い知識と教養を身に付け、真理を求める態度を養い、豊かな情操と道徳心を培うとともに、健やかな身体を養うこと。

二　個人の価値を尊重して、その能力を伸ばし、創造性を培い、自主及び自律の精神を養うとともに、職業及び生活との関連を重視し、勤労を重んずる態度を養うこと。

三　正義と責任、男女の平等、自他の敬愛と協力を重んずるとともに、公共の精神に基づき、主体的に社会の形成に参画し、その発展に寄与する態度を養うこと。

四　生命を尊び、自然を大切にし、環境の保全に寄与する態度を養うこと。

五　伝統と文化を尊重し、それらをはぐくんできた我が国と郷土を愛するとともに、他国を尊重し、国際社会の平和と発展に寄与する態度を養うこと。

（生涯学習の理念）

第三条　国民一人一人が、自己の人格を磨き、豊かな人生を送ることができるよう、その生涯にわたって、あらゆる機会に、あらゆる場所において学習することができ、その成果を適切に生かすことのできる社会の実現が図られなければならない。

（教育の機会均等）

第四条　すべて国民は、ひとしく、その能力に応じた教育を受ける機会を与えられなければならず、人種、信条、性別、社会的身分、経済的地位又は門地によって、教育上差別されない。

2　国及び地方公共団体は、障害のある者が、その障害の状態に応じ、十分な教育を受けられるよう、教育上必要な支援を講じなければならない。

3　国及び地方公共団体は、能力があるにもかかわらず、経済的理由によって修学が困難な者に対して、奨学の措置を講じなければならない。

第二章　教育の実施に関する基本
（義務教育）
第五条　国民は、その保護する子に、別に法律で定めるところにより、普通教育を受けさせる義務を負う。

2　義務教育として行われる普通教育は、各個人の有する能力を伸ばしつつ社会において自立的に生きる基礎を培い、また、国家及び社会の形成者として必要とされる基本的な資質を養うことを目的として行われるものとする。

3　国及び地方公共団体は、義務教育の機会を保障し、その水準を確保するため、適切な役割分担及び相互の協力の下、その実施に責任を負う。

4　国又は地方公共団体の設置する学校における義務教育については、授業料を徴収しない。

（学校教育）
第六条　法律に定める学校は、公の性質を有するものであって、国、地方公共団体及び法律に定める法人のみが、これを設置することができる。

2　前項の学校においては、教育の目標が達成されるよう、教育を受ける者の心身の発達に応じて、体系的な教育が組織的に行われなければならない。この場合において、教育を受ける者が、学校生活を営む上で必要な規律を重んずるとともに、自ら進んで学習に取り組む意欲を高めることを重視して行われなければならない。

（大学）
第七条　大学は、学術の中心として、高い教養と専門的能力を培うとともに、深く真理を探究して新たな知見を創造し、これらの成果を広く社会に提供することにより、社会の発展に寄与するものとする。

2　大学については、自主性、自律性その他の大学における教育及び研究の特性が尊重されなければならない。

（私立学校）
第八条　私立学校の有する公の性質及び学校教育において果たす重要な役割にかんがみ、国及び地方公共団体は、その自主性を尊重しつつ、助成その他の適当な方法によって私立学校教育の振興に努めなければならない。

（教員）
第九条　法律に定める学校の教員は、自己の崇高な使命を深く自覚し、絶えず研究と修養に励み、その職責の遂行に努めなければならない。

2　前項の教員については、その使命と職責の重要性にかんがみ、その身分は尊重され、待遇の適正が期せられるとともに、養成と研修の充実が図られなければならない。

（家庭教育）
第十条　父母その他の保護者は、子の教育について第一義的責任を有するものであって、生活のために必要な習慣を身に付けさせるとともに、自立心を育成し、心身の調和のとれた発達を図るよう努めるものとする。

2　国及び地方公共団体は、家庭教育の自主性を尊重しつつ、保護者に対する学習の機会及び情報の提供その他の家庭教育を支援するために必要な施策を講ずるよう努めなければならない。

（幼児期の教育）
第十一条　幼児期の教育は、生涯にわたる人格形成の基礎を培う重要なものであることにかんがみ、

国及び地方公共団体は、幼児の健やかな成長に資する良好な環境の整備その他適当な方法によって、その振興に努めなければならない。

（社会教育）

第十二条　個人の要望や社会の要請にこたえ、社会において行われる教育は、国及び地方公共団体によって奨励されなければならない。

2　国及び地方公共団体は、図書館、博物館、公民館その他の社会教育施設の設置、学校の施設の利用、学習の機会及び情報の提供その他の適当な方法によって社会教育の振興に努めなければならない。

（学校、家庭及び地域住民等の相互の連携協力）

第十三条　学校、家庭及び地域住民その他の関係者は、教育におけるそれぞれの役割と責任を自覚するとともに、相互の連携及び協力に努めるものとする。

（政治教育）

第十四条　良識ある公民として必要な政治的教養は、教育上尊重されなければならない。

2　法律に定める学校は、特定の政党を支持し、又はこれに反対するための政治教育その他政治的活動をしてはならない。

（宗教教育）

第十五条　宗教に関する寛容の態度、宗教に関する一般的な教養及び宗教の社会生活における地位は、教育上尊重されなければならない。

2　国及び地方公共団体が設置する学校は、特定の宗教のための宗教教育その他宗教的活動をしてはならない。

第三章　教育行政

（教育行政）

第十六条　教育は、不当な支配に服することなく、この法律及び他の法律の定めるところにより行われるべきものであり、教育行政は、国と地方公共団体との適切な役割分担及び相互の協力の下、公正かつ適正に行われなければならない。

2　国は、全国的な教育の機会均等と教育水準の維持向上を図るため、教育に関する施策を総合的に策定し、実施しなければならない。

3　地方公共団体は、その地域における教育の振興を図るため、その実情に応じた教育に関する施策を策定し、実施しなければならない。

4　国及び地方公共団体は、教育が円滑かつ継続的に実施されるよう、必要な財政上の措置を講じなければならない。

（教育振興基本計画）

第十七条　政府は、教育の振興に関する施策の総合的かつ計画的な推進を図るため、教育の振興に関する施策についての基本的な方針及び講ずべき施策その他必要な事項について、基本的な計画を定め、これを国会に報告するとともに、公表しなければならない。

2　地方公共団体は、前項の計画を参酌し、その地域の実情に応じ、当該地方公共団体における教育の振興のための施策に関する基本的な計画を定めるよう努めなければならない。

第四章　法令の制定

第十八条　この法律に規定する諸条項を実施するため、必要な法令が制定されなければならない。

附　則　抄

（施行期日）

1　この法律は、公布の日から施行する。

昭和二十四年法律第二百七号

社会教育法

目次

第一章　総則

（この法律の目的）

第一条　この法律は、教育基本法（平成十八年法律第百二十号）の精神に則り、社会教育に関する国及び地方公共団体の任務を明らかにすることを目的とする。

（社会教育の定義）

第二条　この法律において「社会教育」とは、学校教育法（昭和二十二年法律第二十六号）又は就学前の子どもに関する教育、保育等の総合的な提供の推進に関する法律（平成十八年法律第七十七号）に基づき、学校の教育課程として行われる教育活動を除き、主として青少年及び成人に対して行われる組織的な教育活動（体育及びレクリエーシヨンの活動を含む。）をいう。

（国及び地方公共団体の任務）

第三条　国及び地方公共団体は、この法律及び他の法令の定めるところにより、社会教育の奨励に必要な施設の設置及び運営、集会の開催、資料の作製、頒布その他の方法により、すべての国民があらゆる機会、あらゆる場所を利用して、自ら実際生活に即する文化的教養を高め得るような環境を醸成するように努めなければならない。

2　国及び地方公共団体は、前項の任務を行うに当たつては、国民の学習に対する多様な需要を踏まえ、これに適切に対応するために必要な学習の機会の提供及びその奨励を行うことにより、生涯学習の振興に寄与することとなるよう努めるものとする。

3　国及び地方公共団体は、第一項の任務を行うに当たつては、社会教育が学校教育及び家庭教育との密接な関連性を有することにかんがみ、学校教育との連携の確保に努め、及び家庭教育の向上に資することとなるよう必要な配慮をするとともに、学校、家庭及び地域住民その他の関係者相互間の連携及び協力の促進に資することとなるよう努めるものとする。

（国の地方公共団体に対する援助）

第四条　前条第一項の任務を達成するために、国は、この法律及び他の法令の定めるところにより、地方公共団体に対し、予算の範囲内において、財政的援助並びに物資の提供及びそのあつせんを行う。

（市町村の教育委員会の事務）

第五条　市（特別区を含む。以下同じ。）町村の教育委員会は、社会教育に関し、当該地方の必要に応じ、予算の範囲内において、次の事務を行う。

一　社会教育に必要な援助を行うこと。

二　社会教育委員の委嘱に関すること。

三　公民館の設置及び管理に関すること。

四　所管に属する図書館、博物館、青年の家その他の社会教育施設の設置及び管理に関すること。

五　所管に属する学校の行う社会教育のための講座の開設及びその奨励に関すること。

六　講座の開設及び討論会、講習会、講演会、展示会その他の集会の開催並びにこれらの奨励に関すること。

七　家庭教育に関する学習の機会を提供するための講座の開設及び集会の開催並びに家庭教育に関する情報の提供並びにこれらの奨励に関すること。

八　職業教育及び産業に関する科学技術指導のための集会の開催並びにその奨励に関すること。

九　生活の科学化の指導のための集会の開催及びその奨励に関すること。

十　情報化の進展に対応して情報の収集及び利用を円滑かつ適正に行うために必要な知識又は技能に関する学習の機会を提供するための講座の開設及び集会の開催並びにこれらの奨励に関すること。

十一　運動会、競技会その他体育指導のための集会の開催及びその奨励に関すること。

十二　音楽、演劇、美術その他芸術の発表会等の開催及びその奨励に関すること。

十三　主として学齢児童及び学齢生徒（それぞれ学校教育法第十八条に規定する学齢児童及び学齢生徒をいう。）に対し、学校の授業の終了後又は休業日において学校、社会教育施設その他適切な施設を利用して行う学習その他の活動の機会を提供する事業の実施並びにその奨励に関すること。

十四　青少年に対しボランティア活動など社会奉仕体験活動、自然体験活動その他の体験活動の機会を提供する事業の実施及びその奨励に関すること。

十五　社会教育における学習の機会を利用して行つた学習の成果を活用して学校、社会教育施設その他地域において行う教育活動その他の活動の機会を提供する事業の実施及びその奨励に関すること。

十六　社会教育に関する情報の収集、整理及び提供に関すること。

十七　視聴覚教育、体育及びレクリエーションに必要な設備、器材及び資料の提供に関すること。

十八　情報の交換及び調査研究に関すること。

十九　その他第三条第一項の任務を達成するために必要な事務

2　市町村の教育委員会は、前項第十三号から第十五号までに規定する活動であつて地域住民その他の関係者（以下この項及び第九条の七第二項において「地域住民等」という。）が学校と協働して行うもの（以下「地域学校協働活動」という。）の機会を提供する事業を実施するに当たつては、地域住民等の積極的な参加を得て当該地域学校協働活動が学校との適切な連携の下に円滑かつ効果的に実施されるよう、地域住民等と学校との連携協力体制の整備、地域学校協働活動に関する普及啓発その他の必要な措置を講ずるものとする。

3　地方教育行政の組織及び運営に関する法律（昭和三十一年法律第百六十二号）第二十三条第一項の条例の定めるところによりその長が同項第一号に掲げる事務（以下「特定事務」という。）を管理し、及び執行することとされた地方公共団体（以下「特定地方公共団体」という。）である市町村にあつては、第一項の規定にかかわらず、同項第三号及び第四号の事務のうち特定事務に関するものは、その長が行うものとする。

（都道府県の教育委員会の事務）

第六条　都道府県の教育委員会は、社会教育に関し、当該地方の必要に応じ、予算の範囲内において、前条第一項各号の事務（同項第三号の事務を除く。）を行うほか、次の事務を行う。

一　公民館及び図書館の設置及び管理に関し、必要な指導及び調査を行うこと。

二　社会教育を行う者の研修に必要な施設の設置及び運営、講習会の開催、資料の配布等に関すること。

三　社会教育施設の設置及び運営に必要な物資の提供及びそのあつせんに関すること。

四　市町村の教育委員会との連絡に関すること。

五　その他法令によりその職務権限に属する事項

2　前条第二項の規定は、都道府県の教育委員会が地域学校協働活動の機会を提供する事業を実施する場合に準用する。

3　特定地方公共団体である都道府県にあつては、第一項の規定にかかわらず、前条第一項第四号の事務のうち特定事務に関するものは、その長が行うものとする。

（教育委員会と地方公共団体の長との関係）

第七条　地方公共団体の長は、その所掌に関する必要な広報宣伝で視聴覚教育の手段を利用することその他教育の施設及び手段によることを適当とするものにつき、教育委員会に対し、その実施を依頼し、又は実施の協力を求めることができる。

2　前項の規定は、他の行政庁がその所掌に関する必要な広報宣伝につき、教育委員会（特定地方公共団体にあつては、その長又は教育委員会）に対し、その実施を依頼し、又は実施の協力を求める場合に準用する。

第八条　教育委員会は、社会教育に関する事務を行うために必要があるときは、当該地方公共団体の長及び関係行政庁に対し、必要な資料の提供その他の協力を求めることができる。

第八条の二　特定地方公共団体の長は、特定事務のうち当該特定地方公共団体の教育委員会の所管に属する学校、社会教育施設その他の施設における教育活動と密接な関連を有するものとして当該特定地方公共団体の規則で定めるものを管理し、及び執行するに当たつては、当該教育委員会の意見を聴かなければならない。

2　特定地方公共団体の長は、前項の規則を制定し、又は改廃しようとするときは、あらかじめ、当該特定地方公共団体の教育委員会の意見を聴かなければならない。

第八条の三　特定地方公共団体の教育委員会は、特定事務の管理及び執行について、その職務に関して必要と認めるときは、当該特定地方公共団体の長に対し、意見を述べることができる。

（図書館及び博物館）

第九条　図書館及び博物館は、社会教育のための機関とする。

2　図書館及び博物館に関し必要な事項は、別に法律をもつて定める。

第二章　社会教育主事等

（社会教育主事及び社会教育主事補の設置）

第九条の二　都道府県及び市町村の教育委員会の事務局に、社会教育主事を置く。

2　都道府県及び市町村の教育委員会の事務局に、社会教育主事補を置くことができる。

（社会教育主事及び社会教育主事補の職務）

第九条の三　社会教育主事は、社会教育を行う者に専門的技術的な助言と指導を与える。ただし、命令及び監督をしてはならない。

2　社会教育主事は、学校が社会教育関係団体、地域住民その他の関係者の協力を得て教育活動を行う場合には、その求めに応じて、必要な助言を行うことができる。

3　社会教育主事補は、社会教育主事の職務を助ける。

（社会教育主事の資格）

第九条の四　次の各号のいずれかに該当する者は、社会教育主事となる資格を有する。

一　大学に二年以上在学して六十二単位以上を修得し、又は高等専門学校を卒業し、かつ、次に掲げる期間を通算した期間が三年以上になる者で、次条の規定による社会教育主事の講習を修了したもの

イ　社会教育主事補の職にあつた期間

ロ　官公署、学校、社会教育施設又は社会教育関係団体における職で司書、学芸員その他の社会教育主事補の職と同等以上の職として文部科学大臣の指定するものにあつた期間

ハ　官公署、学校、社会教育施設又は社会教育関係団体が実施する社会教育に関係のある事業における業務であつて、社会教育主事として必要な知識又は技能の習得に資するものとして文部科学大臣

が指定するものに従事した期間（イ又はロに掲げる期間に該当する期間を除く。）

二　教育職員の普通免許状を有し、かつ、五年以上文部科学大臣の指定する教育に関する職にあつた者で、次条の規定による社会教育主事の講習を修了したもの

三　大学に二年以上在学して、六十二単位以上を修得し、かつ、大学において文部科学省令で定める社会教育に関する科目の単位を修得した者で、第一号イからハまでに掲げる期間を通算した期間が一年以上になるもの

四　次条の規定による社会教育主事の講習を修了した者（第一号及び第二号に掲げる者を除く。）で、社会教育に関する専門的事項について前三号に掲げる者に相当する教養と経験があると都道府県の教育委員会が認定したもの

（社会教育主事の講習）

第九条の五　社会教育主事の講習は、文部科学大臣の委嘱を受けた大学その他の教育機関が行う。

2　受講資格その他社会教育主事の講習に関し必要な事項は、文部科学省令で定める。

（社会教育主事及び社会教育主事補の研修）

第九条の六　社会教育主事及び社会教育主事補の研修は、任命権者が行うもののほか、文部科学大臣及び都道府県が行う。

（地域学校協働活動推進員）

第九条の七　教育委員会は、地域学校協働活動の円滑かつ効果的な実施を図るため、社会的信望があり、かつ、地域学校協働活動の推進に熱意と識見を有する者のうちから、地域学校協働活動推進員を委嘱することができる。

2　地域学校協働活動推進員は、地域学校協働活動に関する事項につき、教育委員会の施策に協力して、地域住民等と学校との間の情報の共有を図るとともに、地域学校協働活動を行う地域住民等に対する助言その他の援助を行う。

第三章　社会教育関係団体

（社会教育関係団体の定義）

第十条　この法律で「社会教育関係団体」とは、法人であると否とを問わず、公の支配に属しない団体で社会教育に関する事業を行うことを主たる目的とするものをいう。

（文部科学大臣及び教育委員会との関係）

第十一条　文部科学大臣及び教育委員会は、社会教育関係団体の求めに応じ、これに対し、専門的技術的指導又は助言を与えることができる。

2　文部科学大臣及び教育委員会は、社会教育関係団体の求めに応じ、これに対し、社会教育に関する事業に必要な物資の確保につき援助を行う。

（国及び地方公共団体との関係）

第十二条　国及び地方公共団体は、社会教育関係団体に対し、いかなる方法によつても、不当に統制的支配を及ぼし、又はその事業に干渉を加えてはならない。

（審議会等への諮問）

第十三条　国又は地方公共団体が社会教育関係団体に対し補助金を交付しようとする場合には、あらかじめ、国にあつては文部科学大臣が審議会等（国家行政組織法（昭和二十三年法律第百二十号）第八条に規定する機関をいう。第五十一条第三項において同じ。）で政令で定めるものの、地方公共団体にあつては教育委員会が社会教育委員の会議（社会教育委員が置かれていない場合には、条例で定めるところにより社会教育に係る補助金の交付に関する事項を調査審議する審議会その他の合議制の機関）の意見を聴いて行わなければならない。

（報告）

第十四条　文部科学大臣及び教育委員会は、社会教育関係団体に対し、指導資料の作製及び調査研究のために必要な報告を求めることができる。

第四章　社会教育委員

（社会教育委員の設置）

第十五条　都道府県及び市町村に社会教育委員を置くことができる。

2　社会教育委員は、教育委員会が委嘱する。

第十六条　削除

（社会教育委員の職務）

第十七条　社会教育委員は、社会教育に関し教育委員会に助言するため、次の職務を行う。

一　社会教育に関する諸計画を立案すること。

二　定時又は臨時に会議を開き、教育委員会の諮問に応じ、これに対して、意見を述べること。

三　前二号の職務を行うために必要な研究調査を行うこと。

2　社会教育委員は、教育委員会の会議に出席して社会教育に関し意見を述べることができる。

3　市町村の社会教育委員は、当該市町村の教育委員会から委嘱を受けた青少年教育に関する特定の事項について、社会教育関係団体、社会教育指導者その他関係者に対し、助言と指導を与えることができる。

（社会教育委員の委嘱の基準等）

第十八条　社会教育委員の委嘱の基準、定数及び任期その他社会教育委員に関し必要な事項は、当該地方公共団体の条例で定める。この場合において、社会教育委員の委嘱の基準については、文部科学省令で定める基準を参酌するものとする。

第十九条　削除

第五章　公民館

（目的）

第二十条　公民館は、市町村その他一定区域内の住民のために、実際生活に即する教育、学術及び文化に関する各種の事業を行い、もつて住民の教養の向上、健康の増進、情操の純化を図り、生活文化の振興、社会福祉の増進に寄与することを目的とする。

（公民館の設置者）

第二十一条　公民館は、市町村が設置する。

2　前項の場合を除くほか、公民館は、公民館の設置を目的とする一般社団法人又は一般財団法人（以下この章において「法人」という。）でなければ設置することができない。

3　公民館の事業の運営上必要があるときは、公民館に分館を設けることができる。

（公民館の事業）

第二十二条　公民館は、第二十条の目的達成のために、おおむね、左の事業を行う。但し、この法律及び他の法令によつて禁じられたものは、この限りでない。

一　定期講座を開設すること。

二　討論会、講習会、講演会、実習会、展示会等を開催すること。

三　図書、記録、模型、資料等を備え、その利用を図ること。

四　体育、レクリエーシヨン等に関する集会を開催すること。

五　各種の団体、機関等の連絡を図ること。

六　その施設を住民の集会その他の公共的利用に供すること。

（公民館の運営方針）

第二十三条　公民館は、次の行為を行つてはならない。

一　もつぱら営利を目的として事業を行い、特定の営利事務に公民館の名称を利用させその他営利事業を援助すること。

二　特定の政党の利害に関する事業を行い、又は公私の選挙に関し、特定の候補者を支持すること。

2　市町村の設置する公民館は、特定の宗教を支持し、又は特定の教派、宗派若しくは教団を支援し

てはならない。

（公民館の基準）

第二十三条の二　文部科学大臣は、公民館の健全な発達を図るために、公民館の設置及び運営上必要な基準を定めるものとする。

2　文部科学大臣及び都道府県の教育委員会は、市町村の設置する公民館が前項の基準に従つて設置され及び運営されるように、当該市町村に対し、指導、助言その他の援助に努めるものとする。

（公民館の設置）

第二十四条　市町村が公民館を設置しようとするときは、条例で、公民館の設置及び管理に関する事項を定めなければならない。

第二十五条及び第二十六条　削除

（公民館の職員）

第二十七条　公民館に館長を置き、主事その他必要な職員を置くことができる。

2　館長は、公民館の行う各種の事業の企画実施その他必要な事務を行い、所属職員を監督する。

3　主事は、館長の命を受け、公民館の事業の実施にあたる。

第二十八条　市町村の設置する公民館の館長、主事その他必要な職員は、当該市町村の教育委員会（特定地方公共団体である市町村の長がその設置、管理及び廃止に関する事務を管理し、及び執行することとされた公民館（第三十条第一項及び第四十条第一項において「特定公民館」という。）の館長、主事その他必要な職員にあつては、当該市町村の長）が任命する。

（公民館の職員の研修）

第二十八条の二　第九条の六の規定は、公民館の職員の研修について準用する。

（公民館運営審議会）

第二十九条　公民館に公民館運営審議会を置くことができる。

2　公民館運営審議会は、館長の諮問に応じ、公民館における各種の事業の企画実施につき調査審議するものとする。

第三十条　市町村の設置する公民館にあつては、公民館運営審議会の委員は、当該市町村の教育委員会（特定公民館に置く公民館運営審議会の委員にあつては、当該市町村の長）が委嘱する。

2　前項の公民館運営審議会の委員の委嘱の基準、定数及び任期その他当該公民館運営審議会に関し必要な事項は、当該市町村の条例で定める。この場合において、委員の委嘱の基準については、文部科学省令で定める基準を参酌するものとする。

第三十一条　法人の設置する公民館に公民館運営審議会を置く場合にあつては、その委員は、当該法人の役員をもつて充てるものとする。

（運営の状況に関する評価等）

第三十二条　公民館は、当該公民館の運営の状況について評価を行うとともに、その結果に基づき公民館の運営の改善を図るため必要な措置を講ずるよう努めなければならない。

（運営の状況に関する情報の提供）

第三十二条の二　公民館は、当該公民館の事業に関する地域住民その他の関係者の理解を深めるとともに、これらの者との連携及び協力の推進に資するため、当該公民館の運営の状況に関する情報を積極的に提供するよう努めなければならない。

（基金）

第三十三条　公民館を設置する市町村にあつては、公民館の維持運営のために、地方自治法（昭和二十二年法律第六十七号）第二百四十一条の基金を設けることができる。

（特別会計）

第三十四条　公民館を設置する市町村にあつては、公民館の維持運営のために、特別会計を設けることができる。

（公民館の補助）

第三十五条　国は、公民館を設置する市町村に対し、予算の範囲内において、公民館の施設、設備に要する経費その他必要な経費の一部を補助することができる。

2　前項の補助金の交付に関し必要な事項は、政令で定める。

第三十六条　削除

第三十七条　都道府県が地方自治法第二百三十二条の二の規定により、公民館の運営に要する経費を補助する場合において、文部科学大臣は、政令の定めるところにより、その補助金の額、補助の比率、補助の方法その他必要な事項につき報告を求めることができる。

第三十八条　国庫の補助を受けた市町村は、左に掲げる場合においては、その受けた補助金を国庫に返還しなければならない。

一　公民館がこの法律若しくはこの法律に基く命令又はこれらに基いてした処分に違反したとき。

二　公民館がその事業の全部若しくは一部を廃止し、又は第二十条に掲げる目的以外の用途に利用されるようになつたとき。

三　補助金交付の条件に違反したとき。

四　虚偽の方法で補助金の交付を受けたとき。

（法人の設置する公民館の指導）

第三十九条　文部科学大臣及び都道府県の教育委員会は、法人の設置する公民館の運営その他に関し、その求めに応じて、必要な指導及び助言を与えることができる。

（公民館の事業又は行為の停止）

第四十条　公民館が第二十三条の規定に違反する行為を行つたときは、市町村の設置する公民館にあつては当該市町村の教育委員会（特定公民館にあつては、当該市町村の長）、法人の設置する公民館にあつては都道府県の教育委員会は、その事業又は行為の停止を命ずることができる。

2　前項の規定による法人の設置する公民館の事業又は行為の停止命令に関し必要な事項は、都道府県の条例で定めることができる。

（罰則）

第四十一条　前条第一項の規定による公民館の事業又は行為の停止命令に違反する行為をした者は、一年以下の懲役若しくは禁錮（こ）又は三万円以下の罰金に処する。

（公民館類似施設）

第四十二条　公民館に類似する施設は、何人もこれを設置することができる。

2　前項の施設の運営その他に関しては、第三十九条の規定を準用する。

第六章　学校施設の利用

（適用範囲）

第四十三条　社会教育のためにする国立学校（学校教育法第一条に規定する学校（以下この条において「第一条学校」という。）及び就学前の子どもに関する教育、保育等の総合的な提供の推進に関する法律第二条第七項に規定する幼保連携型認定こども園（以下「幼保連携型認定こども園」という。）であつて国（国立大学法人法（平成十五年法律第百十二号）第二条第一項に規定する国立大学法人（次条第二項において「国立大学法人」という。）及び独立行政法人国立高等専門学校機構を含む。）が設置するものをいう。以下同じ。）又は公立学校（第一条学校及び幼保連携型認定こども園であつて地方公共団体（地方独立行政法人法（平成十五年法律第百十八号）第六十八条第一項に規定する公立大学法人（次条第二項及び第四十八条第一項において「公立大学法人」という。）を含む。）が設置するものをいう。以下同じ。）の施設の利用に関しては、この章の定めるところによる。

（学校施設の利用）

第四十四条　学校（国立学校又は公立学校をいう。以下この章において同じ。）の管理機関は、学校

教育上支障がないと認める限り、その管理する学校の施設を社会教育のために利用に供するように努めなければならない。

2　前項において「学校の管理機関」とは、国立学校にあつては設置者である国立大学法人の学長若しくは理事長又は独立行政法人国立高等専門学校機構の理事長、公立学校のうち、大学及び幼保連携型認定こども園にあつては設置者である地方公共団体の長又は公立大学法人の理事長、大学及び幼保連携型認定こども園以外の公立学校にあつては設置者である地方公共団体に設置されている教育委員会又は公立大学法人の理事長をいう。

（学校施設利用の許可）

第四十五条　社会教育のために学校の施設を利用しようとする者は、当該学校の管理機関の許可を受けなければならない。

2　前項の規定により、学校の管理機関が学校施設の利用を許可しようとするときは、あらかじめ、学校の長の意見を聞かなければならない。

第四十六条　国又は地方公共団体が社会教育のために、学校の施設を利用しようとするときは、前条の規定にかかわらず、当該学校の管理機関と協議するものとする。

第四十七条　第四十五条の規定による学校施設の利用が一時的である場合には、学校の管理機関は、同条第一項の許可に関する権限を学校の長に委任することができる。

2　前項の権限の委任その他学校施設の利用に関し必要な事項は、学校の管理機関が定める。

（社会教育の講座）

第四十八条　文部科学大臣は国立学校に対し、地方公共団体の長は当該地方公共団体が設置する大学若しくは幼保連携型認定こども園又は当該地方公共団体が設立する公立大学法人が設置する公立学校に対し、地方公共団体に設置されている教育委員会は当該地方公共団体が設置する大学及び幼保連携型認定こども園以外の公立学校に対し、その教育組織及び学校の施設の状況に応じ、文化講座、専門講座、夏期講座、社会学級講座等学校施設の利用による社会教育のための講座の開設を求めることができる。

2　文化講座は、成人の一般的教養に関し、専門講座は、成人の専門的学術知識に関し、夏期講座は、夏期休暇中、成人の一般的教養又は専門的学術知識に関し、それぞれ大学、高等専門学校又は高等学校において開設する。

3　社会学級講座は、成人の一般的教養に関し、小学校、中学校又は義務教育学校において開設する。

4　第一項の規定する講座を担当する講師の報酬その他必要な経費は、予算の範囲内において、国又は地方公共団体が負担する。

第七章　通信教育

（適用範囲）

第四十九条　学校教育法第五十四条、第七十条第一項、第八十二条及び第八十四条の規定により行うものを除き、通信による教育に関しては、この章の定めるところによる。

（通信教育の定義）

第五十条　この法律において「通信教育」とは、通信の方法により一定の教育計画の下に、教材、補助教材等を受講者に送付し、これに基き、設問解答、添削指導、質疑応答等を行う教育をいう。

2　通信教育を行う者は、その計画実現のために、必要な指導者を置かなければならない。

（通信教育の認定）

第五十一条　文部科学大臣は、学校又は一般社団法人若しくは一般財団法人の行う通信教育で社会教育上奨励すべきものについて、通信教育の認定（以下「認定」という。）を与えることができる。

2　認定を受けようとする者は、文部科学大臣の定めるところにより、文部科学大臣に申請しなければならない。

3　文部科学大臣が、第一項の規定により、認定を与えようとするときは、あらかじめ、第十三条の

政令で定める審議会等に諮問しなければならない。

(認定手数料)

第五十二条　文部科学大臣は、認定を申請する者から実費の範囲内において文部科学省令で定める額の手数料を徴収することができる。ただし、国立学校又は公立学校が行う通信教育に関しては、この限りでない。

第五十三条　削除

(郵便料金の特別取扱)

第五十四条　認定を受けた通信教育に要する郵便料金については、郵便法（昭和二十二年法律第百六十五号）の定めるところにより、特別の取扱を受けるものとする。

(通信教育の廃止)

第五十五条　認定を受けた通信教育を廃止しようとするとき、又はその条件を変更しようとするときは、文部科学大臣の定めるところにより、その許可を受けなければならない。

2　前項の許可に関しては、第五十一条第三項の規定を準用する。

(報告及び措置)

第五十六条　文部科学大臣は、認定を受けた者に対し、必要な報告を求め、又は必要な措置を命ずることができる。

(認定の取消)

第五十七条　認定を受けた者がこの法律若しくはこの法律に基く命令又はこれらに基いてした処分に違反したときは、文部科学大臣は、認定を取り消すことができる。

2　前項の認定の取消に関しては、第五十一条第三項の規定を準用する。

附　則　抄

1　この法律は、公布の日から施行する。

5　この法律施行前通信教育認定規程（昭和二十二年文部省令第二十二号）により認定を受けた通信教育は、第五十一条第一項の規定により、認定を受けたものとみなす。

附　則　（昭和二五年五月一〇日法律第一六八号）　抄

1　この法律は、公布の日から施行する。

附　則　（昭和二六年三月一二日法律第一七号）

1　この法律は、教育公務員特例法の一部を改正する法律（昭和二十六年法律第二百四十一号）施行の日から施行する。

2　改正後の社会教育法第九条の四の規定の適用については、旧大学令（大正七年勅令第三百八十八号）、旧高等学校令（大正七年勅令第三百八十九号）、旧専門学校令（明治三十六年勅令第六十一号）若しくは旧教員養成諸学校官制（昭和二十一年勅令第二百八号）の規定による大学、大学予科、高等学校高等科、専門学校若しくは教員養成諸学校又は文部科学省令で定めるこれらの学校に準ずる学校を卒業し、又は修了した者は、大学に二年以上在学して、六十二単位以上を修得した者とみなす。

附　則　（昭和二七年六月六日法律第一六八号）　抄

1　この法律は、公布の日から施行する。

附　則　（昭和二八年八月一四日法律第二一一号）　抄

(施行期日)

1　この法律は、公布の日から施行する。

附　則　（昭和二九年六月三日法律第一五九号）　抄

1　この法律は、教育職員免許法の一部を改正する法律（昭和二十九年法律第百五十八号）の施行の日から施行する。

附　則　（昭和三一年六月三〇日法律第一六三号）　抄

（施行期日）

1　この法律は、昭和三十一年十月一日から施行する。

附　則　（昭和三二年五月二日法律第九五号）

この法律は、公布の日から施行する。

附　則　（昭和三四年四月三〇日法律第一五八号）　抄

（施行期日）

1　この法律は、公布の日から施行する。

（社会教育主事等の経過規定）

2　この法律の施行の際、現に社会教育主事の置かれていない市町村にあつては社会教育主事を、現
に社会教育主事補の置かれていない市にあつては社会教育主事補を、この法律による改正後の社会
教育法第九条の二の規定にかかわらず、市にあつては昭和三十七年三月三十一日までの間、町村に
あつては政令で定めるところにより、政令で定める間、それぞれ置かないことができる。

（社会教育法の一部を改正する法律の一部改正）

4　前項の規定の施行の日前に、同項の規定による改正前の社会教育法の一部を改正する法律附則第
六項の規定により社会教育主事の職にあつた者は、この法律による改正後の社会教育法第九条の四
の規定にかかわらず、社会教育主事となる資格を有するものとする。

附　則　（昭和三六年六月一七日法律第一四五号）　抄

この法律は、学校教育法の一部を改正する法律（昭和三十六年法律第百四十四号）の施行の日から施
　行する。

附　則　（昭和三六年一〇月三一日法律第一六六号）　抄

（施行期日）

1　この法律は、公布の日から施行する。

附　則　（昭和三八年六月八日法律第九九号）　抄

（施行期日及び適用区分）

第一条　この法律中目次の改正規定（第三編第四章の次に一章を加える部分に限る。）、第一条の二の
　改正規定、第二条第三項第八号の改正規定、第二百六十三条の二の次に一条を加える改正規定、第
　三編第四章の次に一章を加える改正規定、附則第二十条の二の次に一条を加える改正規定及び別表
　の改正規定並びに附則第十五条から附則第十八条まで、附則第二十四条（地方開発事業団に関する
　部分に限る。）、附則第二十五条（地方開発事業団に関する部分に限る。）及び附則第三十五条の規
　定（以下「財務以外の改正規定等」という。）は公布の日から、普通地方公共団体に係る会計の区分、
　予算の調製及び議決、継続費、繰越明許費、債務負担行為、予算の内容、歳入歳出予算の区分、予
　備費、補正予算及び暫定予算、地方債並びに一時借入金に関する改正規定並びに附則第四条、附則
　第五条第一項、第二項及び第四項、附則第六条第一項並びに附則第八条の規定（以下「予算関係の
　改正規定」という。）は昭和三十九年一月一日から、その他の改正規定並びに附則第二条、附則第
　三条、附則第五条第三項、附則第六条第二項及び第三項、附則第七条、附則第九条から附則第十四
　条まで、附則第十九条から附則第二十三条まで、附則第二十四条（地方開発事業団に関する部分を
　除く。）、附則第二十五条（地方開発事業団に関する部分を除く。）並びに附則第二十六条から附則
　第三十四条までの規定は同年四月一日から施行する。

附　則　（昭和四二年八月一日法律第一二〇号）　抄

（施行期日）

1　この法律は、公布の日から施行する。

附　則　（昭和五六年五月一九日法律第四五号）　抄

（施行期日）

1　この法律は、公布の日から施行する。

附　則　（昭和五七年七月二三日法律第六九号）　抄

（施行期日等）

1　この法律は、公布の日から施行する。

附　則　（昭和五八年一二月二日法律第七八号）

1　この法律（第一条を除く。）は、昭和五十九年七月一日から施行する。

2　この法律の施行の日の前日において法律の規定により置かれている機関等で、この法律の施行の日以後は国家行政組織法又はこの法律による改正後の関係法律の規定に基づく政令（以下「関係政令」という。）の規定により置かれることとなるものに関し必要となる経過措置その他この法律の施行に伴う関係政令の制定又は改廃に関し必要となる経過措置は、政令で定めることができる。

附　則　（昭和五九年五月一日法律第二三号）　抄

（施行期日）

1　この法律は、公布の日から起算して二十日を経過した日から施行する。

附　則　（昭和六〇年七月一二日法律第九〇号）　抄

（施行期日）

第一条　この法律は、公布の日から施行する。

（罰則に関する経過措置）

第十一条　この法律（附則第一条各号に掲げる規定については、当該各規定）の施行前にした行為に対する罰則の適用については、なお従前の例による。

附　則　（昭和六一年一二月二六日法律第一〇九号）　抄

（施行期日）

第一条　この法律は、公布の日から施行する。

（その他の処分、申請等に係る経過措置）

第六条　この法律（附則第一条各号に掲げる規定については、当該各規定。以下この条及び附則第八条において同じ。）の施行前に改正前のそれぞれの法律の規定によりされた許可等の処分その他の行為（以下この条において「処分等の行為」という。）又はこの法律の施行の際現に改正前のそれぞれの法律の規定によりされている許可等の申請その他の行為（以下この条において「申請等の行為」という。）でこの法律の施行の日においてこれらの行為に係る行政事務を行うべき者が異なることとなるものは、附則第二条から前条までの規定又は改正後のそれぞれの法律（これに基づく命令を含む。）の経過措置に関する規定に定めるものを除き、この法律の施行の日以後における改正後のそれぞれの法律の適用については、改正後のそれぞれの法律の相当規定によりされた処分等の行為又は申請等の行為とみなす。

（罰則に関する経過措置）

第八条　この法律の施行前にした行為及び附則第二条第一項の規定により従前の例によることとされる場合における第四条の規定の施行後にした行為に対する罰則の適用については、なお従前の例による。

附　則　（平成二年六月二九日法律第七一号）　抄

（施行期日）

1　この法律は、平成二年七月一日から施行する。

附　則　（平成一〇年六月一二日法律第一〇一号）　抄

（施行期日）

第一条　この法律は、平成十一年四月一日から施行する。

附　則　（平成一一年七月一六日法律第八七号）　抄

（施行期日）

第一条　この法律は、平成十二年四月一日から施行する。ただし、次の各号に掲げる規定は、当該各

号に定める日から施行する。

一　第一条中地方自治法第二百五十条の次に五条、節名並びに二款及び款名を加える改正規定（同法第二百五十条の九第一項に係る部分（両議院の同意を得ることに係る部分に限る。）に限る。）、第四十条中自然公園法附則第九項及び第十項の改正規定（同法附則第十項に係る部分に限る。）、第二百四十四条の規定（農業改良助長法第十四条の三の改正規定に係る部分を除く。）並びに第四百七十二条の規定（市町村の合併の特例に関する法律第六条、第八条及び第十七条の改正規定に係る部分を除く。）並びに附則第七条、第十条、第十二条、第五十九条ただし書、第六十条第四項及び第五項、第七十三条、第七十七条、第百五十七条第四項から第六項まで、第百六十条、第百六十三条、第百六十四条並びに第二百二条の規定　公布の日

（国等の事務）

第百五十九条　この法律による改正前のそれぞれの法律に規定するもののほか、この法律の施行前において、地方公共団体の機関が法律又はこれに基づく政令により管理し又は執行する国、他の地方公共団体その他公共団体の事務（附則第百六十一条において「国等の事務」という。）は、この法律の施行後は、地方公共団体が法律又はこれに基づく政令により当該地方公共団体の事務として処理するものとする。

（処分、申請等に関する経過措置）

第百六十条　この法律（附則第一条各号に掲げる規定については、当該各規定。以下この条及び附則第百六十三条において同じ。）の施行前に改正前のそれぞれの法律の規定によりされた許可等の処分その他の行為（以下この条において「処分等の行為」という。）又はこの法律の施行の際現に改正前のそれぞれの法律の規定によりされている許可等の申請その他の行為（以下この条において「申請等の行為」という。）で、この法律の施行の日においてこれらの行為に係る行政事務を行うべき者が異なることとなるものは、附則第二条から前条までの規定又は改正後のそれぞれの法律（これに基づく命令を含む。）の経過措置に関する規定に定めるものを除き、この法律の施行の日以後における改正後のそれぞれの法律の適用については、改正後のそれぞれの法律の相当規定によりされた処分等の行為又は申請等の行為とみなす。

2　この法律の施行前に改正前のそれぞれの法律の規定により国又は地方公共団体の機関に対し報告、届出、提出その他の手続をしなければならない事項で、この法律の施行の日前にその手続がされていないものについては、この法律及びこれに基づく政令に別段の定めがあるもののほか、これを、改正後のそれぞれの法律の相当規定により国又は地方公共団体の相当の機関に対して報告、届出、提出その他の手続をしなければならない事項についてその手続がされていないものとみなして、この法律による改正後のそれぞれの法律の規定を適用する。

（不服申立てに関する経過措置）

第百六十一条　施行日前にされた国等の事務に係る処分であって、当該処分をした行政庁（以下この条において「処分庁」という。）に施行日前に行政不服審査法に規定する上級行政庁（以下この条において「上級行政庁」という。）があったものについての同法による不服申立てについては、施行日以後においても、当該処分庁に引き続き上級行政庁があるものとみなして、行政不服審査法の規定を適用する。この場合において、当該処分庁の上級行政庁とみなされる行政庁は、施行日前に当該処分庁の上級行政庁であった行政庁とする。

2　前項の場合において、上級行政庁とみなされる行政庁が地方公共団体の機関であるときは、当該機関が行政不服審査法の規定により処理することとされる事務は、新地方自治法第二条第九項第一号に規定する第一号法定受託事務とする。

（罰則に関する経過措置）

第百六十三条　この法律の施行前にした行為に対する罰則の適用については、なお従前の例による。

（その他の経過措置の政令への委任）

第百六十四条 この附則に規定するもののほか、この法律の施行に伴い必要な経過措置（罰則に関する経過措置を含む。）は、政令で定める。

（検討）

第二百五十条 新地方自治法第二条第九項第一号に規定する第一号法定受託事務については、できる限り新たに設けることのないようにするとともに、新地方自治法別表第一に掲げるもの及び新地方自治法に基づく政令に示すものについては、地方分権を推進する観点から検討を加え、適宜、適切な見直しを行うものとする。

第二百五十一条 政府は、地方公共団体が事務及び事業を自主的かつ自立的に執行できるよう、国と地方公共団体との役割分担に応じた地方税財源の充実確保の方途について、経済情勢の推移等を勘案しつつ検討し、その結果に基づいて必要な措置を講ずるものとする。

附　則　（平成一一年一二月二二日法律第一六〇号）　抄

（施行期日）

第一条 この法律（第二条及び第三条を除く。）は、平成十三年一月六日から施行する。ただし、次の各号に掲げる規定は、当該各号に定める日から施行する。

一　第九百九十五条（核原料物質、核燃料物質及び原子炉の規制に関する法律の一部を改正する法律附則の改正規定に係る部分に限る。）、第千三百五条、第千三百六条、第千三百二十四条第二項、第千三百二十六条第二項及び第千三百四十四条の規定　公布の日

附　則　（平成一三年七月一一日法律第一〇五号）　抄

（施行期日）

第一条 この法律は、公布の日から施行する。

附　則　（平成一三年七月一一日法律第一〇六号）

この法律は、公布の日から施行する。

附　則　（平成一五年七月一六日法律第一一七号）　抄

（施行期日）

第一条 この法律は、平成十六年四月一日から施行する。

（罰則に関する経過措置）

第七条 この法律の施行前にした行為及びこの附則の規定によりなお従前の例によることとされる場合におけるこの法律の施行後にした行為に対する罰則の適用については、なお従前の例による。

（その他の経過措置の政令への委任）

第八条 附則第二条から前条までに定めるもののほか、この法律の施行に関し必要な経過措置は、政令で定める。

附　則　（平成一五年七月一六日法律第一一九号）　抄

（施行期日）

第一条 この法律は、地方独立行政法人法（平成十五年法律第百十八号）の施行の日から施行する。

（その他の経過措置の政令への委任）

第六条 この附則に規定するもののほか、この法律の施行に伴い必要な経過措置は、政令で定める。

附　則　（平成一八年六月二日法律第五〇号）　抄

この法律は、一般社団・財団法人法の施行の日から施行する。

附　則　（平成一八年一二月二二日法律第一二〇号）　抄

（施行期日）

1　この法律は、公布の日から施行する。

附　則　（平成一九年六月二七日法律第九六号）　抄

（施行期日）

第一条 この法律は、公布の日から起算して六月を超えない範囲内において政令で定める日から施行

する。

附　則　（平成二〇年六月一一日法律第五九号）　抄

（施行期日）

1　この法律は、公布の日から施行する。

（社会教育法の一部改正に伴う経過措置）

2　この法律の施行の日前に第一条の規定による改正前の社会教育法第九条の四第一号ロに規定する社会教育に関係のある職で文部科学大臣の指定するものにあった期間は、第一条の規定による改正後の社会教育法第九条の四第一号ロに掲げる期間とみなす。

附　則　（平成二三年六月二二日法律第七〇号）　抄

（施行期日）

第一条　この法律は、平成二十四年四月一日から施行する。ただし、次条の規定は公布の日から、附則第十七条の規定は地域の自主性及び自立性を高めるための改革の推進を図るための関係法律の整備に関する法律（平成二十三年法律第百五号）の公布の日又はこの法律の公布の日のいずれか遅い日から施行する。

附　則　（平成二三年六月二四日法律第七四号）　抄

（施行期日）

第一条　この法律は、公布の日から起算して二十日を経過した日から施行する。

附　則　（平成二三年八月三〇日法律第一〇五号）　抄

（施行期日）

第一条　この法律は、公布の日から施行する。ただし、次の各号に掲げる規定は、当該各号に定める日から施行する。

一　略

二　第二条、第十条（構造改革特別区域法第十八条の改正規定に限る。）、第十四条（地方自治法第二百五十二条の十九、第二百六十条並びに別表第一騒音規制法（昭和四十三年法律第九十八号）の項、都市計画法（昭和四十三年法律第百号）の項、都市再開発法（昭和四十四年法律第三十八号）の項、環境基本法（平成五年法律第九十一号）の項及び密集市街地における防災街区の整備の促進に関する法律（平成九年法律第四十九号）の項並びに別表第二都市再開発法（昭和四十四年法律第三十八号）の項、公有地の拡大の推進に関する法律（昭和四十七年法律第六十六号）の項、大都市地域における住宅及び住宅地の供給の促進に関する特別措置法（昭和五十年法律第六十七号）の項、密集市街地における防災街区の整備の促進に関する法律（平成九年法律第四十九号）の項及びマンションの建替えの円滑化等に関する法律（平成十四年法律第七十八号）の項の改正規定に限る。）、第十七条から第十九条まで、第二十二条（児童福祉法第二十一条の五の六、第二十一条の五の十五、第二十一条の五の二十三、第二十四条の九、第二十四条の十七、第二十四条の二十八及び第二十四条の三十六の改正規定に限る。）、第二十三条から第二十七条まで、第二十九条から第三十三条まで、第三十四条（社会福祉法第六十二条、第六十五条及び第七十一条の改正規定に限る。）、第三十五条、第三十七条、第三十八条（水道法第四十六条、第四十八条の二、第五十条及び第五十条の二の改正規定を除く。）、第三十九条、第四十三条（職業能力開発促進法第十九条、第二十三条、第二十八条及び第三十条の二の改正規定に限る。）、第五十一条（感染症の予防及び感染症の患者に対する医療に関する法律第六十四条の改正規定に限る。）、第五十四条（障害者自立支援法第八十八条及び第八十九条の改正規定を除く。）、第六十五条（農地法第三条第一項第九号、第四条、第五条及び第五十七条の改正規定を除く。）、第八十七条から第九十二条まで、第九十九条（道路法第二十四条の三及び第四十八条の三の改正規定に限る。）、第百一条（土地区画整理法第七十六条の改正規定に限る。）、第百二条（道路整備特別措置法第十八条から第二十一条まで、第二十七条、第四十九条及び第五十条の改正規定に限る。）、第百三条、第百五条（駐車場法第四条の改正規

定を除く。）、第百七条、第百八条、第百十五条（首都圏近郊緑地保全法第十五条及び第十七条の改正規定に限る。）、第百十六条（流通業務市街地の整備に関する法律第三条の二の改正規定を除く。）、第百十八条（近畿圏の保全区域の整備に関する法律第十六条及び第十八条の改正規定に限る。）、第百二十条（都市計画法第六条の二、第七条の二、第八条、第十条の二から第十二条の二まで、第十二条の四、第十二条の五、第十二条の十、第十四条、第二十条、第二十三条、第三十三条及び第五十八条の二の改正規定を除く。）、第百二十一条（都市再開発法第七条の四から第七条の七まで、第六十条から第六十二条まで、第六十六条、第九十八条、第九十九条の八、第百三十九条の三、第百四十一条の二及び第百四十二条の改正規定に限る。）、第百二十五条（公有地の拡大の推進に関する法律第九条の改正規定を除く。）、第百二十八条（都市緑地法第二十条及び第三十九条の改正規定を除く。）、第百三十一条（大都市地域における住宅及び住宅地の供給の促進に関する特別措置法第七条、第二十六条、第六十四条、第六十七条、第百四条及び第百九条の二の改正規定に限る。）、第百四十二条（地方拠点都市地域の整備及び産業業務施設の再配置の促進に関する法律第十八条及び第二十一条から第二十三条までの改正規定に限る。）、第百四十五条、第百四十六条（被災市街地復興特別措置法第五条及び第七条第三項の改正規定を除く。）、第百四十九条（密集市街地における防災街区の整備の促進に関する法律第二十条、第二十一条、第百九十一条、第百九十二条、第百九十七条、第二百三十三条、第二百四十一条、第二百八十三条、第三百十一条及び第三百十八条の改正規定に限る。）、第百五十五条（都市再生特別措置法第五十一条第四項の改正規定に限る。）、第百五十六条（マンションの建替えの円滑化等に関する法律第百二条の改正規定を除く。）、第百五十七条、第百五十八条（景観法第五十七条の改正規定に限る。）、第百六十条（地域における多様な需要に応じた公的賃貸住宅等の整備等に関する特別措置法第六条第五項の改正規定（「第二項第二号イ」を「第二項第一号イ」に改める部分を除く。）並びに同法第十一条及び第十三条の改正規定に限る。）、第百六十二条（高齢者、障害者等の移動等の円滑化の促進に関する法律第十条、第十二条、第十三条、第三十六条第二項及び第五十六条の改正規定に限る。）、第百六十五条（地域における歴史的風致の維持及び向上に関する法律第二十四条及び第二十九条の改正規定に限る。）、第百六十九条、第百七十一条（廃棄物の処理及び清掃に関する法律第二十一条の改正規定に限る。）、第百七十四条、第百七十八条、第百八十二条（環境基本法第十六条及び第四十条の二の改正規定に限る。）及び第百八十七条（鳥獣の保護及び狩猟の適正化に関する法律第十五条の改正規定、同法第二十八条第九項の改正規定（「第四条第三項」を「第四条第四項」に改める部分を除く。）、同法第二十九条第四項の改正規定（「第四条第三項」を「第四条第四項」に改める部分を除く。）並びに同法第三十四条及び第三十五条の改正規定に限る。）の規定並びに附則第十三条、第十五条から第二十四条まで、第二十五条第一項、第二十六条、第二十七条第一項から第三項まで、第三十条から第三十二条まで、第三十八条、第四十四条、第四十六条第一項及び第四項、第四十七条から第四十九条まで、第五十一条から第五十三条まで、第五十五条、第五十八条、第五十九条、第六十一条から第六十九条まで、第七十一条、第七十二条第一項から第三項まで、第七十四条から第七十六条まで、第七十八条、第八十条第一項及び第三項、第八十三条、第八十七条（地方税法第五百八十七条の二及び附則第十一条の改正規定を除く。）、第八十九条、第九十条、第九十二条（高速自動車国道法第二十五条の改正規定に限る。）、第百一条、第百二条、第百五条から第百七条まで、第百十二条、第百十七条（地域における多様な主体の連携による生物の多様性の保全のための活動の促進等に関する法律（平成二十二年法律第七十二号）第四条第八項の改正規定に限る。）、第百十九条、第百二十一条の二並びに第百二十三条第二項の規定　平成二十四年四月一日

（罰則に関する経過措置）

第八十一条　この法律（附則第一条各号に掲げる規定にあっては、当該規定。以下この条において同じ。）の施行前にした行為及びこの附則の規定によりなお従前の例によることとされる場合におけるこの法律の施行後にした行為に対する罰則の適用については、なお従前の例による。

第八十二条　この附則に規定するもののほか、この法律の施行に関し必要な経過措置（罰則に関する経過措置を含む。）は、政令で定める。

附　則　（平成二三年一二月一四日法律第一二二号）　抄

（施行期日）

第一条　この法律は、公布の日から起算して二月を超えない範囲内において政令で定める日から施行する。ただし、次の各号に掲げる規定は、当該各号に定める日から施行する。

一　附則第六条、第八条、第九条及び第十三条の規定　公布の日

附　則　（平成二四年八月二二日法律第六七号）　抄

この法律は、子ども・子育て支援法の施行の日から施行する。ただし、次の各号に掲げる規定は、当該各号に定める日から施行する。

一　第二十五条及び第七十三条の規定　公布の日

附　則　（平成二五年六月一四日法律第四四号）　抄

（施行期日）

第一条　この法律は、公布の日から施行する。ただし、次の各号に掲げる規定は、当該各号に定める日から施行する。

一　略

二　第一条、第五条、第七条（消防組織法第十五条の改正規定に限る。）、第九条、第十条、第十四条（地方独立行政法人法目次の改正規定（「第六章　移行型地方独立行政法人の設立に伴う措置（第五十九条—第六十七条）」を「／第六章　移行型地方独立行政法人の設立に伴う措置（第五十九条—第六十七条）／第六章の二　特定地方独立行政法人から一般地方独立行政法人への移行に伴う措置（第六十七条の二—第六十七条の七）／」に改める部分に限る。）、同法第八条、第五十五条及び第五十九条第一項の改正規定並びに同法第六章の次に一章を加える改正規定を除く。）、第十五条、第二十二条（民生委員法第四条の改正規定に限る。）、第三十六条、第四十条（森林法第七十条第一項の改正規定に限る。）、第五十条（建設業法第二十五条の二第一項の改正規定に限る。）、第五十一条、第五十二条（建築基準法第七十九条第一項の改正規定に限る。）、第五十三条、第六十一条（都市計画法第七十八条第二項の改正規定に限る。）、第六十二条、第六十五条（国土利用計画法第十五条第二項の改正規定を除く。）及び第七十二条の規定並びに次条、附則第三条第二項、第四条、第六条第二項及び第三項、第十三条、第十四条（地方公務員等共済組合法（昭和三十七年法律第百五十二号）第百四十一条の二の次に二条を加える改正規定中第百四十一条の四に係る部分に限る。）、第十六条並びに第十八条の規定　平成二十六年四月一日

（罰則に関する経過措置）

第十条　この法律（附則第一条各号に掲げる規定にあっては、当該規定）の施行前にした行為に対する罰則の適用については、なお従前の例による。

（政令への委任）

第十一条　この附則に規定するもののほか、この法律の施行に関し必要な経過措置（罰則に関する経過措置を含む。）は、政令で定める。

附　則　（平成二六年六月二〇日法律第七六号）　抄

（施行期日）

第一条　この法律は、平成二十七年四月一日から施行する。ただし、次の各号に掲げる規定は、当該各号に定める日から施行する。

一　附則第三条及び第二十二条の規定　公布の日

（社会教育法の一部改正に伴う経過措置）

第十一条　附則第二条第一項の場合においては、前条の規定による改正後の社会教育法第十七条第一

項及び第二十八条の規定は適用せず、前条の規定による改正前の社会教育法第十七条第一項及び第二十八条の規定は、なおその効力を有する。

（政令への委任）

第二十二条　この附則に規定するもののほか、この法律の施行に関し必要な経過措置は、政令で定める。

附　則　（平成二七年六月二四日法律第四六号）　抄

（施行期日）

第一条　この法律は、平成二十八年四月一日から施行する。

附　則　（平成二八年五月二〇日法律第四七号）　抄

（施行期日）

第一条　この法律は、平成二十九年四月一日から施行する。

附　則　（平成二九年三月三一日法律第五号）　抄

（施行期日）

第一条　この法律は、平成二十九年四月一日から施行する。

（政令への委任）

第四条　前二条に規定するもののほか、この法律の施行に関し必要な経過措置は、政令で定める。

附　則　（令和元年五月二四日法律第一一号）　抄

（施行期日）

第一条　この法律は、平成三十二年四月一日から施行する。

附　則　（令和元年六月七日法律第二六号）　抄

（施行期日）

第一条　この法律は、公布の日から施行する。

（政令への委任）

第四条　前二条に規定するもののほか、この法律の施行に関し必要な経過措置（罰則に関する経過措置を含む。）は、政令で定める。

附　則　（令和四年六月一七日法律第六八号）　抄

（施行期日）

1　この法律は、刑法等一部改正法施行日から施行する。ただし、次の各号に掲げる規定は、当該各号に定める日から施行する。

一　第五百九条の規定　公布の日

昭和二十五年法律第百十八号

図書館法

目次

第一章　総則
（この法律の目的）
第一条　この法律は、社会教育法（昭和二十四年法律第二百七号）の精神に基き、図書館の設置及び運営に関して必要な事項を定め、その健全な発達を図り、もつて国民の教育と文化の発展に寄与することを目的とする。

（定義）
第二条　この法律において「図書館」とは、図書、記録その他必要な資料を収集し、整理し、保存して、一般公衆の利用に供し、その教養、調査研究、レクリエーシヨン等に資することを目的とする施設で、地方公共団体、日本赤十字社又は一般社団法人若しくは一般財団法人が設置するもの（学校に附属する図書館又は図書室を除く。）をいう。

2　前項の図書館のうち、地方公共団体の設置する図書館を公立図書館といい、日本赤十字社又は一般社団法人若しくは一般財団法人の設置する図書館を私立図書館という。

（図書館奉仕）
第三条　図書館は、図書館奉仕のため、土地の事情及び一般公衆の希望に沿い、更に学校教育を援助し、及び家庭教育の向上に資することとなるように留意し、おおむね次に掲げる事項の実施に努めなければならない。

一　郷土資料、地方行政資料、美術品、レコード及びフィルムの収集にも十分留意して、図書、記録、視聴覚教育の資料その他必要な資料（電磁的記録（電子的方式、磁気的方式その他人の知覚によつては認識することができない方式で作られた記録をいう。）を含む。以下「図書館資料」という。）を収集し、一般公衆の利用に供すること。

二　図書館資料の分類排列を適切にし、及びその目録を整備すること。

三　図書館の職員が図書館資料について十分な知識を持ち、その利用のための相談に応ずるようにすること。

四　他の図書館、国立国会図書館、地方公共団体の議会に附置する図書室及び学校に附属する図書館又は図書室と緊密に連絡し、協力し、図書館資料の相互貸借を行うこと。

五　分館、閲覧所、配本所等を設置し、及び自動車文庫、貸出文庫の巡回を行うこと。

六　読書会、研究会、鑑賞会、映写会、資料展示会等を主催し、及びこれらの開催を奨励すること。

七　時事に関する情報及び参考資料を紹介し、及び提供すること。

八　社会教育における学習の機会を利用して行つた学習の成果を活用して行う教育活動その他の活動の機会を提供し、及びその提供を奨励すること。

九　学校、博物館、公民館、研究所等と緊密に連絡し、協力すること。

（司書及び司書補）
第四条　図書館に置かれる専門的職員を司書及び司書補と称する。

2　司書は、図書館の専門的事務に従事する。

3　司書補は、司書の職務を助ける。

（司書及び司書補の資格）

第五条　次の各号のいずれかに該当する者は、司書となる資格を有する。

一　大学を卒業した者（専門職大学の前期課程を修了した者を含む。次号において同じ。）で大学において文部科学省令で定める図書館に関する科目を履修したもの

二　大学又は高等専門学校を卒業した者で次条の規定による司書の講習を修了したもの

三　次に掲げる職にあつた期間が通算して三年以上になる者で次条の規定による司書の講習を修了したもの

イ　司書補の職

ロ　国立国会図書館又は大学若しくは高等専門学校の附属図書館における職で司書補の職に相当するもの

ハ　ロに掲げるもののほか、官公署、学校又は社会教育施設における職で社会教育主事、学芸員その他の司書補の職と同等以上の職として文部科学大臣が指定するもの

2　次の各号のいずれかに該当する者は、司書補となる資格を有する。

一　司書の資格を有する者

二　学校教育法（昭和二十二年法律第二十六号）第九十条第一項の規定により大学に入学することのできる者で次条の規定による司書補の講習を修了したもの

（司書及び司書補の講習）

第六条　司書及び司書補の講習は、大学が、文部科学大臣の委嘱を受けて行う。

2　司書及び司書補の講習に関し、履修すべき科目、単位その他必要な事項は、文部科学省令で定める。ただし、その履修すべき単位数は、十五単位を下ることができない。

（司書及び司書補の研修）

第七条　文部科学大臣及び都道府県の教育委員会は、司書及び司書補に対し、その資質の向上のために必要な研修を行うよう努めるものとする。

（設置及び運営上望ましい基準）

第七条の二　文部科学大臣は、図書館の健全な発達を図るために、図書館の設置及び運営上望ましい基準を定め、これを公表するものとする。

（運営の状況に関する評価等）

第七条の三　図書館は、当該図書館の運営の状況について評価を行うとともに、その結果に基づき図書館の運営の改善を図るため必要な措置を講ずるよう努めなければならない。

（運営の状況に関する情報の提供）

第七条の四　図書館は、当該図書館の図書館奉仕に関する地域住民その他の関係者の理解を深めるとともに、これらの者との連携及び協力の推進に資するため、当該図書館の運営の状況に関する情報を積極的に提供するよう努めなければならない。

（協力の依頼）

第八条　都道府県の教育委員会は、当該都道府県内の図書館奉仕を促進するために、市（特別区を含む。以下同じ。）町村の教育委員会（地方教育行政の組織及び運営に関する法律（昭和三十一年法律第百六十二号）第二十三条第一項の条例の定めるところによりその長が図書館の設置、管理及び廃止に関する事務を管理し、及び執行することとされた地方公共団体（第十三条第一項において「特定地方公共団体」という。）である市町村にあつては、その長又は教育委員会）に対し、総合目録の作製、貸出文庫の巡回、図書館資料の相互貸借等に関して協力を求めることができる。

（公の出版物の収集）

第九条　政府は、都道府県の設置する図書館に対し、官報その他一般公衆に対する広報の用に供せられる独立行政法人国立印刷局の刊行物を二部提供するものとする。

2　国及び地方公共団体の機関は、公立図書館の求めに応じ、これに対して、それぞれの発行する刊

行物その他の資料を無償で提供することができる。

第二章　公立図書館

（設置）

第十条　公立図書館の設置に関する事項は、当該図書館を設置する地方公共団体の条例で定めなければならない。

第十一条及び第十二条　削除

（職員）

第十三条　公立図書館に館長並びに当該図書館を設置する地方公共団体の教育委員会（特定地方公共団体の長がその設置、管理及び廃止に関する事務を管理し、及び執行することとされた図書館（第十五条において「特定図書館」という。）にあつては、当該特定地方公共団体の長）が必要と認める専門的職員、事務職員及び技術職員を置く。

2　館長は、館務を掌理し、所属職員を監督して、図書館奉仕の機能の達成に努めなければならない。

（図書館協議会）

第十四条　公立図書館に図書館協議会を置くことができる。

2　図書館協議会は、図書館の運営に関し館長の諮問に応ずるとともに、図書館の行う図書館奉仕につき、館長に対して意見を述べる機関とする。

第十五条　図書館協議会の委員は、当該図書館を設置する地方公共団体の教育委員会（特定図書館に置く図書館協議会の委員にあつては、当該地方公共団体の長）が任命する。

第十六条　図書館協議会の設置、その委員の任命の基準、定数及び任期その他図書館協議会に関し必要な事項については、当該図書館を設置する地方公共団体の条例で定めなければならない。この場合において、委員の任命の基準については、文部科学省令で定める基準を参酌するものとする。

（入館料等）

第十七条　公立図書館は、入館料その他図書館資料の利用に対するいかなる対価をも徴収してはならない。

第十八条及び第十九条　削除

（図書館の補助）

第二十条　国は、図書館を設置する地方公共団体に対し、予算の範囲内において、図書館の施設、設備に要する経費その他必要な経費の一部を補助することができる。

2　前項の補助金の交付に関し必要な事項は、政令で定める。

第二十一条及び第二十二条　削除

第二十三条　国は、第二十条の規定による補助金の交付をした場合において、左の各号の一に該当するときは、当該年度におけるその後の補助金の交付をやめるとともに、既に交付した当該年度の補助金を返還させなければならない。

一　図書館がこの法律の規定に違反したとき。

二　地方公共団体が補助金の交付の条件に違反したとき。

三　地方公共団体が虚偽の方法で補助金の交付を受けたとき。

第三章　私立図書館

第二十四条　削除

（都道府県の教育委員会との関係）

第二十五条　都道府県の教育委員会は、私立図書館に対し、指導資料の作製及び調査研究のために必要な報告を求めることができる。

2　都道府県の教育委員会は、私立図書館に対し、その求めに応じて、私立図書館の設置及び運営に関して、専門的、技術的の指導又は助言を与えることができる。

（国及び地方公共団体との関係）

第二十六条　国及び地方公共団体は、私立図書館の事業に干渉を加え、又は図書館を設置する法人に対し、補助金を交付してはならない。

第二十七条　国及び地方公共団体は、私立図書館に対し、その求めに応じて、必要な物資の確保につき、援助を与えることができる。

（入館料等）

第二十八条　私立図書館は、入館料その他図書館資料の利用に対する対価を徴収することができる。

（図書館同種施設）

第二十九条　図書館と同種の施設は、何人もこれを設置することができる。

2　第二十五条第二項の規定は、前項の施設について準用する。

附　則　抄

1　この法律は、公布の日から起算して三月を経過した日から施行する。但し、第十七条の規定は、昭和二十六年四月一日から施行する。

2　図書館令（昭和八年勅令第百七十五号）、公立図書館職員令（昭和八年勅令第百七十六号）及び公立図書館司書検定試験規程（昭和十一年文部省令第十八号）は、廃止する。

4　この法律施行の際、現に公立図書館、旧図書館令第四条若しくは第五条の規定により設置された図書館、国立国会図書館又は学校に附属する図書館において館長若しくは司書又は司書補の職務に相当する職務に従事する職員（大学以外の学校に附属する図書館の職員にあつては、教育職員免許法（昭和二十四年法律第百四十七号）第四条に規定する普通免許状若しくは仮免許状を有する者又は教育職員免許法施行法（昭和二十四年法律第百四十八号）第一条の規定により普通免許状若しくは仮免許状を有するものとみなされる者に限る。）は、第五条の規定にかかわらず、この法律施行後五年間は、それぞれ司書又は司書補となる資格を有するものとする。

5　この法律施行の際、現に公立図書館又は私立図書館において館長、司書又は司書補の職務に相当する職務に従事する職員は、別に辞令を発せられない限り、それぞれ館長、司書又は司書補となつたものとする。

6　第四項の規定により司書又は司書補となる資格を有する者は、この法律施行後五年間に第六条の規定による司書又は司書補の講習を受けた場合においては、この法律施行後五年を経過した日以後においても、第五条の規定にかかわらず、司書又は司書補となる資格を有するものとする。但し、第四項の規定により司書補となる資格を有する者（大学を卒業した者を除く。）が司書の講習を受けた場合においては、第五条第一項第三号の規定の適用があるものとする。

7　旧図書館職員養成所を卒業した者は、第五条の規定にかかわらず、司書となる資格を有するものとする。

8　旧国立図書館附属図書館職員養成所又は旧文部省図書館講習所を卒業した者及び旧公立図書館司書検定試験規程による検定試験に合格した者は、第六条の規定による司書の講習を受けた場合においては、第五条の規定にかかわらず、司書となる資格を有するものとする。

10　第五条第一項並びに附則第四項及び第六項の大学には、旧大学令（大正七年勅令第三百八十八号）、旧高等学校令（大正七年勅令第三百八十九号）、旧専門学校令（明治三十六年勅令第六十一号）又は旧教員養成諸学校官制（昭和二十一年勅令第二百八号）の規定による大学、大学予科、高等学校高等科、専門学校及び教員養成諸学校並びに文部科学省令で定めるこれらの学校に準ずる学校を含み、第五条第二項第二号に規定する学校教育法第九十条第一項の規定により大学に入学することのできる者には、旧中等学校令（昭和十八年勅令第三十六号）、旧高等学校令若しくは旧青年学校令（昭和十四年勅令第二百五十四号）の規定による中等学校、高等学校尋常科若しくは青年学校本科又は文部科学省令で定めるこれらの学校に準ずる学校を卒業し、又は修了した者を含むものとする。

11　この法律施行の際、現に市町村の設置する図書館に勤務する職員で地方自治法（昭和二十二年

法律第六十七号）施行の際官吏であつたものは、別に辞令を発せられない限り、当該図書館を設置する市町村の職員に任命されたものとする。

附　則　（昭和二七年六月一二日法律第一八五号）

この法律は、公布の日から施行する。

附　則　（昭和二七年七月三一日法律第二七〇号）　抄

1　この法律は、昭和二十七年八月一日から施行する。

附　則　（昭和二七年八月一四日法律第三〇五号）　抄

（施行期日）

1　この法律は、附則第六項及び附則第十六項から附則第二十六項までの規定を除き、公布の日から施行し、附則第六項及び附則第十六項から附則第二十六項までの規定は、公布の日から起算して六箇月をこえない期間内において政令で定める日から施行する。

附　則　（昭和三一年六月一二日法律第一四八号）　抄

1　この法律は、地方自治法の一部を改正する法律（昭和三十一年法律第百四十七号）の施行の日から施行する。

附　則　（昭和三一年六月三〇日法律第一六三号）　抄

（施行期日）

1　この法律は、昭和三十一年十月一日から施行する。ただし、第一条中地方自治法第二十条、第百二十一条及び附則第六条の改正規定、第二条、第四条中教育公務員特例法第十六条、第十七条及び第二十一条の四の改正規定、第五条中文部省設置法第五条第一項第十九号の次に二号を加える改正規定中第十九号の三に係る部分及び第八条の改正規定、第七条、第十五条、第十六条及び第十七条中教育職員免許法の一部を改正する法律の施行に伴う関係法律の整理に関する法律附則第三項及び第四項の改正規定（附則第五項の改正規定中教育長又は指導主事に係る部分を含む。）並びに附則第六項から第九項までの規定は、地方教育行政の組織及び運営に関する法律（昭和三十一年法律第百六十二号）附則第一条に規定する教育委員会の設置関係規定の施行の日から施行する。

附　則　（昭和三四年四月三〇日法律第一五八号）　抄

（施行期日）

1　この法律は、公布の日から施行する。

附　則　（昭和三六年六月一七日法律第一四五号）　抄

この法律は、学校教育法の一部を改正する法律（昭和三十六年法律第百四十四号）の施行の日から施行する。

附　則　（昭和三七年五月一五日法律第一三三号）　抄

（施行期日）

1　この法律は、公布の日から施行する。

附　則　（昭和四〇年三月三一日法律第一五号）　抄

1　この法律は、昭和四十年四月一日から施行する。

附　則　（昭和四二年八月一日法律第一二〇号）　抄

（施行期日）

1　この法律は、公布の日から施行する。

附　則　（昭和六〇年七月一二日法律第九〇号）　抄

（施行期日）

第一条　この法律は、公布の日から施行する。

附　則　（平成一〇年六月一二日法律第一〇一号）　抄

（施行期日）

第一条　この法律は、平成十一年四月一日から施行する。

附　則　（平成一一年七月一六日法律第八七号）　抄

（施行期日）

第一条　この法律は、平成十二年四月一日から施行する。ただし、次の各号に掲げる規定は、当該各号に定める日から施行する。

一　第一条中地方自治法第二百五十条の次に五条、節名並びに二款及び款名を加える改正規定（同法第二百五十条の九第一項に係る部分（両議院の同意を得ることに係る部分に限る。）に限る。）、第四十条中自然公園法附則第九項及び第十項の改正規定（同法附則第十項に係る部分に限る。）、第二百四十四条の規定（農業改良助長法第十四条の三の改正規定に係る部分を除く。）並びに第四百七十二条の規定（市町村の合併の特例に関する法律第六条、第八条及び第十七条の改正規定に係る部分を除く。）並びに附則第七条、第十条、第十二条、第五十九条ただし書、第六十条第四項及び第五項、第七十三条、第七十七条、第百五十七条第四項から第六項まで、第百六十条、第百六十三条、第百六十四条並びに第二百二条の規定　公布の日

（国等の事務）

第百五十九条　この法律による改正前のそれぞれの法律に規定するもののほか、この法律の施行前において、地方公共団体の機関が法律又はこれに基づく政令により管理し又は執行する国、他の地方公共団体その他公共団体の事務（附則第百六十一条において「国等の事務」という。）は、この法律の施行後は、地方公共団体が法律又はこれに基づく政令により当該地方公共団体の事務として処理するものとする。

（処分、申請等に関する経過措置）

第百六十条　この法律（附則第一条各号に掲げる規定については、当該各規定。以下この条及び附則第百六十三条において同じ。）の施行前に改正前のそれぞれの法律の規定によりされた許可等の処分その他の行為（以下この条において「処分等の行為」という。）又はこの法律の施行の際現に改正前のそれぞれの法律の規定によりされている許可等の申請その他の行為（以下この条において「申請等の行為」という。）で、この法律の施行の日においてこれらの行為に係る行政事務を行うべき者が異なることとなるものは、附則第二条から前条までの規定又は改正後のそれぞれの法律（これに基づく命令を含む。）の経過措置に関する規定に定めるものを除き、この法律の施行の日以後における改正後のそれぞれの法律の適用については、改正後のそれぞれの法律の相当規定によりされた処分等の行為又は申請等の行為とみなす。

2　この法律の施行前に改正前のそれぞれの法律の規定により国又は地方公共団体の機関に対し報告、届出、提出その他の手続をしなければならない事項で、この法律の施行の日前にその手続がされていないものについては、この法律及びこれに基づく政令に別段の定めがあるもののほか、これを、改正後のそれぞれの法律の相当規定により国又は地方公共団体の相当の機関に対して報告、届出、提出その他の手続をしなければならない事項についてその手続がされていないものとみなして、この法律による改正後のそれぞれの法律の規定を適用する。

（不服申立てに関する経過措置）

第百六十一条　施行日前にされた国等の事務に係る処分であって、当該処分をした行政庁（以下この条において「処分庁」という。）に施行日前に行政不服審査法に規定する上級行政庁（以下この条において「上級行政庁」という。）があったものについての同法による不服申立てについては、施行日以後においても、当該処分庁に引き続き上級行政庁があるものとみなして、行政不服審査法の規定を適用する。この場合において、当該処分庁の上級行政庁とみなされる行政庁は、施行日前に当該処分庁の上級行政庁であった行政庁とする。

2　前項の場合において、上級行政庁とみなされる行政庁が地方公共団体の機関であるときは、当該機関が行政不服審査法の規定により処理することとされる事務は、新地方自治法第二条第九項第一号に規定する第一号法定受託事務とする。

（その他の経過措置の政令への委任）

第百六十四条　この附則に規定するもののほか、この法律の施行に伴い必要な経過措置（罰則に関する経過措置を含む。）は、政令で定める。

（検討）

第二百五十条　新地方自治法第二条第九項第一号に規定する第一号法定受託事務については、できる限り新たに設けることのないようにするとともに、新地方自治法別表第一に掲げるもの及び新地方自治法に基づく政令に示すものについては、地方分権を推進する観点から検討を加え、適宜、適切な見直しを行うものとする。

第二百五十一条　政府は、地方公共団体が事務及び事業を自主的かつ自立的に執行できるよう、国と地方公共団体との役割分担に応じた地方税財源の充実確保の方途について、経済情勢の推移等を勘案しつつ検討し、その結果に基づいて必要な措置を講ずるものとする。

第千三百四十四条　第七十一条から第七十六条まで及び第千三百一条から前条まで並びに中央省庁等改革関係法に定めるもののほか、改革関係法等の施行に関し必要な経過措置（罰則に関する経過措置を含む。）は、政令で定める。

附　則　（平成一一年一二月二二日法律第一六〇号）　抄

（施行期日）

第一条　この法律（第二条及び第三条を除く。）は、平成十三年一月六日から施行する。ただし、次の各号に掲げる規定は、当該各号に定める日から施行する。

一　第九百九十五条（核原料物質、核燃料物質及び原子炉の規制に関する法律の一部を改正する法律附則の改正規定に係る部分に限る。）、第千三百五条、第千三百六条、第千三百二十四条第二項、第千三百二十六条第二項及び第千三百四十四条の規定　公布の日

附　則　（平成一四年五月一〇日法律第四一号）　抄

（施行期日）

第一条　この法律は、平成十五年四月一日から施行する。ただし、第二十一条並びに附則第四条及び第二十二条の規定は、公布の日から施行する。

（その他の経過措置の政令への委任）

第二十二条　附則第二条から第四条まで、第六条、第七条、第十条、第十二条、第十五条から第十七条まで及び第十九条に定めるもののほか、印刷局の設立に伴い必要な経過措置その他この法律の施行に関し必要な経過措置は、政令で定める。

附　則　（平成一八年六月二日法律第五〇号）　抄

この法律は、一般社団・財団法人法の施行の日から施行する。

附　則　（平成一九年六月二七日法律第九六号）　抄

（施行期日）

第一条　この法律は、公布の日から起算して六月を超えない範囲内において政令で定める日から施行する。

附　則　（平成二〇年六月一一日法律第五九号）　抄

（施行期日）

1　この法律は、公布の日から施行する。ただし、第二条中図書館法第五条第一項第二号を削る改正規定及び同項第一号を同項第二号とし、同項に第一号として一号を加える改正規定並びに附則第三項及び第四項の規定は、平成二十二年四月一日から施行する。

（図書館法の一部改正に伴う経過措置）

3　附則第一項ただし書に規定する規定の施行の日前に第二条の規定による改正前の図書館法第五条第一項第二号に規定する図書館に関する科目のすべてを履修した者の司書となる資格については、なお従前の例による。

4 附則第一項ただし書に規定する規定の施行の日前から引き続き大学に在学し、当該大学において図書館に関する科目を履修する者の司書となる資格に関し必要な経過措置は、文部科学省令で定める。

附 則 （平成二三年六月二二日法律第七〇号） 抄

（施行期日）

第一条 この法律は、平成二十四年四月一日から施行する。ただし、次条の規定は公布の日から、附則第十七条の規定は地域の自主性及び自立性を高めるための改革の推進を図るための関係法律の整備に関する法律（平成二十三年法律第百五号）の公布の日又はこの法律の公布の日のいずれか遅い日から施行する。

附 則 （平成二三年六月二四日法律第七四号） 抄

（施行期日）

第一条 この法律は、公布の日から起算して二十日を経過した日から施行する。

附 則 （平成二三年八月三〇日法律第一〇五号） 抄

（施行期日）

第一条 この法律は、公布の日から施行する。ただし、次の各号に掲げる規定は、当該各号に定める日から施行する。

一 略

二 第二条、第十条（構造改革特別区域法第十八条の改正規定に限る。）、第十四条（地方自治法第二百五十二条の十九、第二百六十条並びに別表第一騒音規制法（昭和四十三年法律第九十八号）の項、都市計画法（昭和四十三年法律第百号）の項、都市再開発法（昭和四十四年法律第三十八号）の項、環境基本法（平成五年法律第九十一号）の項及び密集市街地における防災街区の整備の促進に関する法律（平成九年法律第四十九号）の項並びに別表第二都市再開発法（昭和四十四年法律第三十八号）の項、公有地の拡大の推進に関する法律（昭和四十七年法律第六十六号）の項、大都市地域における住宅及び住宅地の供給の促進に関する特別措置法（昭和五十年法律第六十七号）の項、密集市街地における防災街区の整備の促進に関する法律（平成九年法律第四十九号）の項及びマンションの建替えの円滑化等に関する法律（平成十四年法律第七十八号）の項の改正規定に限る。）、第十七条から第十九条まで、第二十二条（児童福祉法第二十一条の五の六、第二十一条の五の十五、第二十一条の五の二十三、第二十四条の九、第二十四条の十七、第二十四条の二十八及び第二十四条の三十六の改正規定に限る。）、第二十三条から第二十七条まで、第二十九条から第三十三条まで、第三十四条（社会福祉法第六十二条、第六十五条及び第七十一条の改正規定に限る。）、第三十五条、第三十七条、第三十八条（水道法第四十六条、第四十八条の二、第五十条及び第五十条の二の改正規定を除く。）、第三十九条、第四十三条（職業能力開発促進法第十九条、第二十三条、第二十八条及び第三十条の二の改正規定に限る。）、第五十一条（感染症の予防及び感染症の患者に対する医療に関する法律第六十四条の改正規定に限る。）、第五十四条（障害者自立支援法第八十八条及び第八十九条の改正規定を除く。）、第六十五条（農地法第三条第一項第九号、第四条、第五条及び第五十七条の改正規定を除く。）、第八十七条から第九十二条まで、第九十九条（道路法第二十四条の三及び第四十八条の三の改正規定に限る。）、第百一条（土地区画整理法第七十六条の改正規定に限る。）、第百二条（道路整備特別措置法第十八条から第二十一条まで、第二十七条、第四十九条及び第五十条の改正規定に限る。）、第百三条、第百五条（駐車場法第四条の改正規定を除く。）、第百七条、第百八条、第百十五条（首都圏近郊緑地保全法第十五条及び第十七条の改正規定に限る。）、第百十六条（流通業務市街地の整備に関する法律第三条の二の改正規定を除く。）、第百十八条（近畿圏の保全区域の整備に関する法律第十六条及び第十八条の改正規定に限る。）、第百二十条（都市計画法第六条の二、第七条の二、第八条、第十条の二から第十二条の二まで、第十二条の四、第十二条の五、第十二条の十、第十四条、第二十条、第二十三条、第三十三条

及び第五十八条の二の改正規定を除く。)、第百二十一条（都市再開発法第七条の四から第七条の七まで、第六十条から第六十二条まで、第六十六条、第九十八条、第九十九条の八、第百三十九条の三、第百四十一条の二及び第百四十二条の改正規定に限る。)、第百二十五条（公有地の拡大の推進に関する法律第九条の改正規定を除く。)、第百二十八条（都市緑地法第二十条及び第三十九条の改正規定を除く。)、第百三十一条（大都市地域における住宅及び住宅地の供給の促進に関する特別措置法第七条、第二十六条、第六十四条、第六十七条、第百四条及び第百九条の二の改正規定に限る。)、第百四十二条（地方拠点都市地域の整備及び産業業務施設の再配置の促進に関する法律第十八条及び第二十一条から第二十三条までの改正規定に限る。)、第百四十五条、第百四十六条（被災市街地復興特別措置法第五条及び第七条第三項の改正規定を除く。)、第百四十九条（密集市街地における防災街区の整備の促進に関する法律第二十条、第二十一条、第百九十一条、第百九十二条、第百九十七条、第二百三十三条、第二百四十一条、第二百八十三条、第三百十一条及び第三百十八条の改正規定に限る。)、第百五十五条（都市再生特別措置法第五十一条第四項の改正規定に限る。)、第百五十六条（マンションの建替えの円滑化等に関する法律第百二条の改正規定を除く。)、第百五十七条、第百五十八条（景観法第五十七条の改正規定に限る。)、第百六十条（地域における多様な需要に応じた公的賃貸住宅等の整備等に関する特別措置法第六条第五項の改正規定（「第二項第二号イ」を「第二項第一号イ」に改める部分を除く。)並びに同法第十一条及び第十三条の改正規定に限る。)、第百六十二条（高齢者、障害者等の移動等の円滑化の促進に関する法律第十条、第十二条、第十三条、第三十六条第二項及び第五十六条の改正規定に限る。)、第百六十五条（地域における歴史的風致の維持及び向上に関する法律第二十四条及び第二十九条の改正規定に限る。)、第百六十九条、第百七十一条（廃棄物の処理及び清掃に関する法律第二十一条の改正規定に限る。)、第百七十四条、第百七十八条、第百八十二条（環境基本法第十六条及び第四十条の二の改正規定に限る。)及び第百八十七条（鳥獣の保護及び狩猟の適正化に関する法律第十五条の改正規定、同法第二十八条第九項の改正規定（「第四条第三項」を「第四条第四項」に改める部分を除く。)、同法第二十九条第四項の改正規定（「第四条第三項」を「第四条第四項」に改める部分を除く。)並びに同法第三十四条及び第三十五条の改正規定に限る。)の規定並びに附則第十三条、第十五条から第二十四条まで、第二十五条第一項、第二十六条、第二十七条第一項から第三項まで、第三十条から第三十二条まで、第三十八条、第四十四条、第四十六条第一項及び第四項、第四十七条から第四十九条まで、第五十一条から第五十三条まで、第五十五条、第五十八条、第五十九条、第六十一条から第六十九条まで、第七十一条、第七十二条第一項から第三項まで、第七十四条から第七十六条まで、第七十八条、第八十条第一項及び第三項、第八十三条、第八十七条（地方税法第五百八十七条の二及び附則第十一条の改正規定を除く。)、第八十九条、第九十条、第九十二条（高速自動車国道法第二十五条の改正規定に限る。)、第百一条、第百二条、第百五条から第百七条まで、第百十二条、第百十七条（地域における多様な主体の連携による生物の多様性の保全のための活動の促進等に関する法律（平成二十二年法律第七十二号）第四条第八項の改正規定に限る。)、第百十九条、第百二十一条の二並びに第百二十三条第二項の規定　平成二十四年四月一日

（政令への委任）

第八十二条　この附則に規定するもののほか、この法律の施行に関し必要な経過措置（罰則に関する経過措置を含む。)は、政令で定める。

附　則　（平成二三年一二月一四日法律第一二二号）　抄

（施行期日）

第一条　この法律は、公布の日から起算して二月を超えない範囲内において政令で定める日から施行する。ただし、次の各号に掲げる規定は、当該各号に定める日から施行する。

一　附則第六条、第八条、第九条及び第十三条の規定　公布の日

附　則　（平成二九年五月三一日法律第四一号）　抄

（施行期日）

第一条　この法律は、平成三十一年四月一日から施行する。ただし、次条及び附則第四十八条の規定は、公布の日から施行する。

（政令への委任）

第四十八条　この附則に規定するもののほか、この法律の施行に関し必要な経過措置は、政令で定める。

附　則　（令和元年六月七日法律第二六号）　抄

（施行期日）

第一条　この法律は、公布の日から施行する。

（政令への委任）

第四条　前二条に規定するもののほか、この法律の施行に関し必要な経過措置（罰則に関する経過措置を含む。）は、政令で定める。

昭和二十六年法律第二百八十五号

博物館法

目次

第一章　総則

（この法律の目的）

第一条　この法律は、社会教育法（昭和二十四年法律第二百七号）の精神に基き、博物館の設置及び運営に関して必要な事項を定め、その健全な発達を図り、もつて国民の教育、学術及び文化の発展に寄与することを目的とする。

（定義）

第二条　この法律において「博物館」とは、歴史、芸術、民俗、産業、自然科学等に関する資料を収集し、保管（育成を含む。以下同じ。）し、展示して教育的配慮の下に一般公衆の利用に供し、その教養、調査研究、レクリエーション等に資するために必要な事業を行い、あわせてこれらの資料に関する調査研究をすることを目的とする機関（社会教育法による公民館及び図書館法（昭和二十五年法律第百十八号）による図書館を除く。）のうち、地方公共団体、一般社団法人若しくは一般財団法人、宗教法人又は政令で定めるその他の法人（独立行政法人（独立行政法人通則法（平成十一年法律第百三号）第二条第一項に規定する独立行政法人をいう。第二十九条において同じ。）を除く。）が設置するもので次章の規定による登録を受けたものをいう。

2　この法律において、「公立博物館」とは、地方公共団体の設置する博物館をいい、「私立博物館」とは、一般社団法人若しくは一般財団法人、宗教法人又は前項の政令で定める法人の設置する博物館をいう。

3　この法律において「博物館資料」とは、博物館が収集し、保管し、又は展示する資料（電磁的記録（電子的方式、磁気的方式その他人の知覚によつては認識することができない方式で作られた記録をいう。）を含む。）をいう。

（博物館の事業）

第三条　博物館は、前条第一項に規定する目的を達成するため、おおむね次に掲げる事業を行う。

一　実物、標本、模写、模型、文献、図表、写真、フィルム、レコード等の博物館資料を豊富に収集し、保管し、及び展示すること。

二　分館を設置し、又は博物館資料を当該博物館外で展示すること。

三　一般公衆に対して、博物館資料の利用に関し必要な説明、助言、指導等を行い、又は研究室、実験室、工作室、図書室等を設置してこれを利用させること。

四　博物館資料に関する専門的、技術的な調査研究を行うこと。

五　博物館資料の保管及び展示等に関する技術的研究を行うこと。

六　博物館資料に関する案内書、解説書、目録、図録、年報、調査研究の報告書等を作成し、及び頒布すること。

七　博物館資料に関する講演会、講習会、映写会、研究会等を主催し、及びその開催を援助すること。

八　当該博物館の所在地又はその周辺にある文化財保護法（昭和二十五年法律第二百十四号）の適用

を受ける文化財について、解説書又は目録を作成する等一般公衆の当該文化財の利用の便を図ること。

九　社会教育における学習の機会を利用して行つた学習の成果を活用して行う教育活動その他の活動の機会を提供し、及びその提供を奨励すること。

十　他の博物館、博物館と同一の目的を有する国の施設等と緊密に連絡し、協力し、刊行物及び情報の交換、博物館資料の相互貸借等を行うこと。

十一　学校、図書館、研究所、公民館等の教育、学術又は文化に関する諸施設と協力し、その活動を援助すること。

2　博物館は、その事業を行うに当つては、土地の事情を考慮し、国民の実生活の向上に資し、更に学校教育を援助し得るようにも留意しなければならない。

（館長、学芸員その他の職員）

第四条　博物館に、館長を置く。

2　館長は、館務を掌理し、所属職員を監督して、博物館の任務の達成に努める。

3　博物館に、専門的職員として学芸員を置く。

4　学芸員は、博物館資料の収集、保管、展示及び調査研究その他これと関連する事業についての専門的事項をつかさどる。

5　博物館に、館長及び学芸員のほか、学芸員補その他の職員を置くことができる。

6　学芸員補は、学芸員の職務を助ける。

（学芸員の資格）

第五条　次の各号のいずれかに該当する者は、学芸員となる資格を有する。

一　学士の学位（学校教育法（昭和二十二年法律第二十六号）第百四条第二項に規定する文部科学大臣の定める学位（専門職大学を卒業した者に対して授与されるものに限る。）を含む。）を有する者で、大学において文部科学省令で定める博物館に関する科目の単位を修得したもの

二　大学に二年以上在学し、前号の博物館に関する科目の単位を含めて六十二単位以上を修得した者で、三年以上学芸員補の職にあつたもの

三　文部科学大臣が、文部科学省令で定めるところにより、前二号に掲げる者と同等以上の学力及び経験を有する者と認めた者

2　前項第二号の学芸員補の職には、官公署、学校又は社会教育施設（博物館の事業に類する事業を行う施設を含む。）における職で、社会教育主事、司書その他の学芸員補の職と同等以上の職として文部科学大臣が指定するものを含むものとする。

（学芸員補の資格）

第六条　学校教育法第九十条第一項の規定により大学に入学することのできる者は、学芸員補となる資格を有する。

（学芸員及び学芸員補の研修）

第七条　文部科学大臣及び都道府県の教育委員会は、学芸員及び学芸員補に対し、その資質の向上のために必要な研修を行うよう努めるものとする。

（設置及び運営上望ましい基準）

第八条　文部科学大臣は、博物館の健全な発達を図るために、博物館の設置及び運営上望ましい基準を定め、これを公表するものとする。

（運営の状況に関する評価等）

第九条　博物館は、当該博物館の運営の状況について評価を行うとともに、その結果に基づき博物館の運営の改善を図るため必要な措置を講ずるよう努めなければならない。

（運営の状況に関する情報の提供）

第九条の二　博物館は、当該博物館の事業に関する地域住民その他の関係者の理解を深めるとともに、

これらの者との連携及び協力の推進に資するため、当該博物館の運営の状況に関する情報を積極的に提供するよう努めなければならない。

第二章　登録

（登録）

第十条　博物館を設置しようとする者は、当該博物館について、当該博物館の所在する都道府県の教育委員会（当該博物館（都道府県が設置するものを除く。）が指定都市（地方自治法（昭和二十二年法律第六十七号）第二百五十二条の十九第一項の指定都市をいう。以下この条及び第二十九条において同じ。）の区域内に所在する場合にあつては、当該指定都市の教育委員会。同条を除き、以下同じ。）に備える博物館登録原簿に登録を受けるものとする。

（登録の申請）

第十一条　前条の規定による登録を受けようとする者は、設置しようとする博物館について、左に掲げる事項を記載した登録申請書を都道府県の教育委員会に提出しなければならない。

一　設置者の名称及び私立博物館にあつては設置者の住所

二　名称

三　所在地

2　前項の登録申請書には、次に掲げる書類を添付しなければならない。

一　公立博物館にあつては、設置条例の写し、館則の写し、直接博物館の用に供する建物及び土地の面積を記載した書面及びその図面、当該年度における事業計画書及び予算の歳出の見積りに関する書類、博物館資料の目録並びに館長及び学芸員の氏名を記載した書面

二　私立博物館にあつては、当該法人の定款の写し又は当該宗教法人の規則の写し、館則の写し、直接博物館の用に供する建物及び土地の面積を記載した書面及びその図面、当該年度における事業計画書及び収支の見積りに関する書類、博物館資料の目録並びに館長及び学芸員の氏名を記載した書面

（登録要件の審査）

第十二条　都道府県の教育委員会は、前条の規定による登録の申請があつた場合においては、当該申請に係る博物館が左に掲げる要件を備えているかどうかを審査し、備えていると認めたときは、同条第一項各号に掲げる事項及び登録の年月日を博物館登録原簿に登録するとともに登録した旨を当該登録申請者に通知し、備えていないと認めたときは、登録しない旨をその理由を附記した書面で当該登録申請者に通知しなければならない。

一　第二条第一項に規定する目的を達成するために必要な博物館資料があること。

二　第二条第一項に規定する目的を達成するために必要な学芸員その他の職員を有すること。

三　第二条第一項に規定する目的を達成するために必要な建物及び土地があること。

四　一年を通じて百五十日以上開館すること。

（登録事項等の変更）

第十三条　博物館の設置者は、第十一条第一項各号に掲げる事項について変更があつたとき、又は同条第二項に規定する添付書類の記載事項について重要な変更があつたときは、その旨を都道府県の教育委員会に届け出なければならない。

2　都道府県の教育委員会は、第十一条第一項各号に掲げる事項に変更があつたことを知つたときは、当該博物館に係る登録事項の変更登録をしなければならない。

（登録の取消）

第十四条　都道府県の教育委員会は、博物館が第十二条各号に掲げる要件を欠くに至つたものと認めたとき、又は虚偽の申請に基いて登録した事実を発見したときは、当該博物館に係る登録を取り消さなければならない。但し、博物館が天災その他やむを得ない事由により要件を欠くに至つた場合においては、その要件を欠くに至つた日から二年間はこの限りでない。

2　都道府県の教育委員会は、前項の規定により登録の取消しをしたときは、当該博物館の設置者に対し、速やかにその旨を通知しなければならない。

（博物館の廃止）

第十五条　博物館の設置者は、博物館を廃止したときは、すみやかにその旨を都道府県の教育委員会に届け出なければならない。

2　都道府県の教育委員会は、博物館の設置者が当該博物館を廃止したときは、当該博物館に係る登録をま（丶）つ（丶）消しなければならない。

（規則への委任）

第十六条　この章に定めるものを除くほか、博物館の登録に関し必要な事項は、都道府県の教育委員会の規則で定める。

第十七条　削除

第三章　公立博物館

（設置）

第十八条　公立博物館の設置に関する事項は、当該博物館を設置する地方公共団体の条例で定めなければならない。

（所管）

第十九条　公立博物館は、当該博物館を設置する地方公共団体の教育委員会（地方教育行政の組織及び運営に関する法律（昭和三十一年法律第百六十二号）第二十三条第一項の条例の定めるところにより地方公共団体の長がその設置、管理及び廃止に関する事務を管理し、及び執行することとされた博物館にあつては、当該地方公共団体の長。第二十一条において同じ。）の所管に属する。

（博物館協議会）

第二十条　公立博物館に、博物館協議会を置くことができる。

2　博物館協議会は、博物館の運営に関し館長の諮問に応ずるとともに、館長に対して意見を述べる機関とする。

第二十一条　博物館協議会の委員は、当該博物館を設置する地方公共団体の教育委員会が任命する。

第二十二条　博物館協議会の設置、その委員の任命の基準、定数及び任期その他博物館協議会に関し必要な事項は、当該博物館を設置する地方公共団体の条例で定めなければならない。この場合において、委員の任命の基準については、文部科学省令で定める基準を参酌するものとする。

（入館料等）

第二十三条　公立博物館は、入館料その他博物館資料の利用に対する対価を徴収してはならない。但し、博物館の維持運営のためにやむを得ない事情のある場合は、必要な対価を徴収することができる。

（博物館の補助）

第二十四条　国は、博物館を設置する地方公共団体に対し、予算の範囲内において、博物館の施設、設備に要する経費その他必要な経費の一部を補助することができる。

2　前項の補助金の交付に関し必要な事項は、政令で定める。

第二十五条　削除

（補助金の交付中止及び補助金の返還）

第二十六条　国は、博物館を設置する地方公共団体に対し第二十四条の規定による補助金の交付をした場合において、左の各号の一に該当するときは、当該年度におけるその後の補助金の交付をやめるとともに、第一号の場合の取消が虚偽の申請に基いて登録した事実の発見に因るものである場合には、既に交付した補助金を、第三号及び第四号に該当する場合には、既に交付した当該年度の補助金を返還させなければならない。

一　当該博物館について、第十四条の規定による登録の取消があつたとき。

二　地方公共団体が当該博物館を廃止したとき。

三　地方公共団体が補助金の交付の条件に違反したとき。

四　地方公共団体が虚偽の方法で補助金の交付を受けたとき。

第四章　私立博物館

(都道府県の教育委員会との関係)

第二十七条　都道府県の教育委員会は、博物館に関する指導資料の作成及び調査研究のために、私立博物館に対し必要な報告を求めることができる。

2　都道府県の教育委員会は、私立博物館に対し、その求めに応じて、私立博物館の設置及び運営に関して、専門的、技術的の指導又は助言を与えることができる。

(国及び地方公共団体との関係)

第二十八条　国及び地方公共団体は、私立博物館に対し、その求めに応じて、必要な物資の確保につき援助を与えることができる。

第五章　雑則

(博物館に相当する施設)

第二十九条　博物館の事業に類する事業を行う施設で、国又は独立行政法人が設置する施設にあつては文部科学大臣が、その他の施設にあつては当該施設の所在する都道府県の教育委員会（当該施設（都道府県が設置するものを除く。）が指定都市の区域内に所在する場合にあつては、当該指定都市の教育委員会）が、文部科学省令で定めるところにより、博物館に相当する施設として指定したものについては、第二十七条第二項の規定を準用する。

附　則

(施行期日)

1　この法律は、公布の日から起算して三箇月を経過した日から施行する。

(経過規定)

2　第六条に規定する者には、旧中等学校令（昭和十八年勅令第三十六号）、旧高等学校令又は旧青年学校令（昭和十四年勅令第二百五十四号）の規定による中等学校、高等学校尋常科又は青年学校本科を卒業し、又は修了した者及び文部省令でこれらの者と同等以上の資格を有するものと定めた者を含むものとする。

附　則　（昭和二七年八月一四日法律第三〇五号）　抄

(施行期日)

1　この法律は、附則第六項及び附則第十六項から附則第二十六項までの規定を除き、公布の日から施行し、附則第六項及び附則第十六項から附則第二十六項までの規定は、公布の日から起算して六箇月をこえない期間内において政令で定める日から施行する。

附　則　（昭和三〇年七月二二日法律第八一号）

(施行期日)

1　この法律は、公布の日から施行する。

(経過規定)

2　改正前の博物館法（以下「旧法」という。）第五条第一項第二号、第四号又は第五号に該当する者は、改正後の博物館法（以下「新法」という。）第五条の規定にかかわらず、学芸員となる資格を有するものとする。

3　旧法附則第六項の規定により人文科学学芸員又は自然科学学芸員となる資格を有していた者は、新法第五条の規定にかかわらず、この法律の施行の日から起算して一年間は、学芸員となる資格を有するものとする。

4　新法第五条第二号の学芸員補の職には、旧法附則第四項に規定する学芸員補の職に相当する職又はこれと同等以上の職を含むものとする。

附　則　（昭和三一年六月三〇日法律第一六三号）　抄

（施行期日）

1　この法律は、昭和三十一年十月一日から施行する。

附　則　（昭和三四年四月三〇日法律第一五八号）　抄

（施行期日）

1　この法律は、公布の日から施行する。

附　則　（昭和四六年六月一日法律第九六号）　抄

（施行期日等）

1　この法律は、公布の日から施行する。

（経過措置）

5　この法律の施行前に第十三条の規定による改正前の博物館法第二十九条の規定により文部大臣が
　　した指定は、第十三条の規定による改正後の博物館法第二十九条の規定により文部大臣又は都道府
　　県の教育委員会がした指定とみなす。

附　則　（昭和五八年一二月二日法律第七八号）　抄

1　この法律（第一条を除く。）は、昭和五十九年七月一日から施行する。

附　則　（昭和六一年一二月四日法律第九三号）　抄

（施行期日）

第一条　この法律は、昭和六十二年四月一日から施行する。

（政令への委任）

第四十二条　附則第二条から前条までに定めるもののほか、この法律の施行に関し必要な事項は、政
　　令で定める。

附　則　（平成三年四月二日法律第二三号）　抄

（施行期日）

1　この法律は、平成三年七月一日から施行する。

附　則　（平成三年四月二日法律第二五号）　抄

（施行期日）

1　この法律は、平成三年七月一日から施行する。

附　則　（平成五年一一月一二日法律第八九号）　抄

（施行期日）

第一条　この法律は、行政手続法（平成五年法律第八十八号）の施行の日から施行する。

（諮問等がされた不利益処分に関する経過措置）

第二条　この法律の施行前に法令に基づき審議会その他の合議制の機関に対し行政手続法第十三条に
　　規定する聴聞又は弁明の機会の付与の手続その他の意見陳述のための手続に相当する手続を執る
　　べきことの諮問その他の求めがされた場合においては、当該諮問その他の求めに係る不利益処分の
　　手続に関しては、この法律による改正後の関係法律の規定にかかわらず、なお従前の例による。

（政令への委任）

第十五条　附則第二条から前条までに定めるもののほか、この法律の施行に関して必要な経過措置は、
　　政令で定める。

附　則　（平成一一年七月一六日法律第八七号）　抄

（施行期日）

第一条　この法律は、平成十二年四月一日から施行する。ただし、次の各号に掲げる規定は、当該各
　　号に定める日から施行する。

一　第一条中地方自治法第二百五十条の次に五条、節名並びに二款及び款名を加える改正規定（同
　　法第二百五十条の九第一項に係る部分（両議院の同意を得ることに係る部分に限る。）に限る。）、

第四十条中自然公園法附則第九項及び第十項の改正規定（同法附則第十項に係る部分に限る。）、第二百四十四条の規定（農業改良助長法第十四条の三の改正規定に係る部分を除く。）並びに第四百七十二条の規定（市町村の合併の特例に関する法律第六条、第八条及び第十七条の改正規定に係る部分を除く。）並びに附則第七条、第十条、第十二条、第五十九条ただし書、第六十条第四項及び第五項、第七十三条、第七十七条、第百五十七条第四項から第六項まで、第百六十条、第百六十三条、第百六十四条並びに第二百二条の規定　公布の日

（国等の事務）

第百五十九条　この法律による改正前のそれぞれの法律に規定するもののほか、この法律の施行前において、地方公共団体の機関が法律又はこれに基づく政令により管理し又は執行する国、他の地方公共団体その他公共団体の事務（附則第百六十一条において「国等の事務」という。）は、この法律の施行後は、地方公共団体が法律又はこれに基づく政令により当該地方公共団体の事務として処理するものとする。

（処分、申請等に関する経過措置）

第百六十条　この法律（附則第一条各号に掲げる規定については、当該各規定。以下この条及び附則第百六十三条において同じ。）の施行前に改正前のそれぞれの法律の規定によりされた許可等の処分その他の行為（以下この条において「処分等の行為」という。）又はこの法律の施行の際現に改正前のそれぞれの法律の規定によりされている許可等の申請その他の行為（以下この条において「申請等の行為」という。）で、この法律の施行の日においてこれらの行為に係る行政事務を行うべき者が異なることとなるものは、附則第二条から前条までの規定又は改正後のそれぞれの法律（これに基づく命令を含む。）の経過措置に関する規定に定めるものを除き、この法律の施行の日以後における改正後のそれぞれの法律の適用については、改正後のそれぞれの法律の相当規定によりされた処分等の行為又は申請等の行為とみなす。

2　この法律の施行前に改正前のそれぞれの法律の規定により国又は地方公共団体の機関に対し報告、届出、提出その他の手続をしなければならない事項で、この法律の施行の日前にその手続がされていないものについては、この法律及びこれに基づく政令に別段の定めがあるもののほか、これを、改正後のそれぞれの法律の相当規定により国又は地方公共団体の相当の機関に対して報告、届出、提出その他の手続をしなければならない事項についてその手続がされていないものとみなして、この法律による改正後のそれぞれの法律の規定を適用する。

（不服申立てに関する経過措置）

第百六十一条　施行日前にされた国等の事務に係る処分であって、当該処分をした行政庁（以下この条において「処分庁」という。）に施行日前に行政不服審査法に規定する上級行政庁（以下この条において「上級行政庁」という。）があったものについての同法による不服申立てについては、施行日以後においても、当該処分庁に引き続き上級行政庁があるものとみなして、行政不服審査法の規定を適用する。この場合において、当該処分庁の上級行政庁とみなされる行政庁は、施行日前に当該処分庁の上級行政庁であった行政庁とする。

2　前項の場合において、上級行政庁とみなされる行政庁が地方公共団体の機関であるときは、当該機関が行政不服審査法の規定により処理することとされる事務は、新地方自治法第二条第九項第一号に規定する第一号法定受託事務とする。

（その他の経過措置の政令への委任）

第百六十四条　この附則に規定するもののほか、この法律の施行に伴い必要な経過措置（罰則に関する経過措置を含む。）は、政令で定める。

（検討）

第二百五十条　新地方自治法第二条第九項第一号に規定する第一号法定受託事務については、できる限り新たに設けることのないようにするとともに、新地方自治法別表第一に掲げるもの及び新地方

自治法に基づく政令に示すものについては、地方分権を推進する観点から検討を加え、適宜、適切な見直しを行うものとする。

第二百五十一条 政府は、地方公共団体が事務及び事業を自主的かつ自立的に執行できるよう、国と地方公共団体との役割分担に応じた地方税財源の充実確保の方途について、経済情勢の推移等を勘案しつつ検討し、その結果に基づいて必要な措置を講ずるものとする。

附 則 （平成一一年一二月二二日法律第一六〇号） 抄

（施行期日）

第一条 この法律（第二条及び第三条を除く。）は、平成十三年一月六日から施行する。ただし、次の各号に掲げる規定は、当該各号に定める日から施行する。

一 第九百九十五条（核原料物質、核燃料物質及び原子炉の規制に関する法律の一部を改正する法律附則の改正規定に係る部分に限る。）、第千三百五条、第千三百六条、第千三百二十四条第二項、第千三百二十六条第二項及び第千三百四十四条の規定 公布の日

附 則 （平成一一年一二月二二日法律第二二〇号） 抄

（施行期日）

第一条 この法律（第一条を除く。）は、平成十三年一月六日から施行する。

（政令への委任）

第四条 前二条に定めるもののほか、この法律の施行に関し必要な事項は、政令で定める。

附 則 （平成一三年七月一一日法律第一〇五号） 抄

（施行期日）

第一条 この法律は、公布の日から施行する。ただし、次の各号に掲げる規定は、当該各号に定める日から施行する。

一 略

二 第五十六条に一項を加える改正規定、第五十七条第三項の改正規定、第六十七条に一項を加える改正規定並びに第七十三条の三及び第八十二条の十の改正規定並びに次条及び附則第五条から第十六条までの規定 平成十四年四月一日

附 則 （平成一八年六月二日法律第五〇号） 抄

この法律は、一般社団・財団法人法の施行の日から施行する。

附 則 （平成一九年六月二七日法律第九六号） 抄

（施行期日）

第一条 この法律は、公布の日から起算して六月を超えない範囲内において政令で定める日から施行する。

附 則 （平成二〇年六月一一日法律第五九号） 抄

（施行期日）

1 この法律は、公布の日から施行する。

附 則 （平成二三年六月二二日法律第七〇号） 抄

（施行期日）

第一条 この法律は、平成二十四年四月一日から施行する。ただし、次条の規定は公布の日から、附則第十七条の規定は地域の自主性及び自立性を高めるための改革の推進を図るための関係法律の整備に関する法律（平成二十三年法律第百五号）の公布の日又はこの法律の公布の日のいずれか遅い日から施行する。

附 則 （平成二三年六月二四日法律第七四号） 抄

（施行期日）

第一条 この法律は、公布の日から起算して二十日を経過した日から施行する。

附 則 （平成二三年八月三〇日法律第一〇五号） 抄

（施行期日）

第一条 この法律は、公布の日から施行する。ただし、次の各号に掲げる規定は、当該各号に定める日から施行する。

一 略

二 第二条、第十条（構造改革特別区域法第十八条の改正規定に限る。）、第十四条（地方自治法第二百五十二条の十九、第二百六十条並びに別表第一騒音規制法（昭和四十三年法律第九十八号）の項、都市計画法（昭和四十三年法律第百号）の項、都市再開発法（昭和四十四年法律第三十八号）の項、環境基本法（平成五年法律第九十一号）の項及び密集市街地における防災街区の整備の促進に関する法律（平成九年法律第四十九号）の項並びに別表第二都市再開発法（昭和四十四年法律第三十八号）の項、公有地の拡大の推進に関する法律（昭和四十七年法律第六十六号）の項、大都市地域における住宅及び住宅地の供給の促進に関する特別措置法（昭和五十年法律第六十七号）の項、密集市街地における防災街区の整備の促進に関する法律（平成九年法律第四十九号）の項及びマンションの建替えの円滑化等に関する法律（平成十四年法律第七十八号）の項の改正規定に限る。）、第十七条から第十九条まで、第二十二条（児童福祉法第二十一条の五の六、第二十一条の五の十五、第二十一条の五の二十三、第二十四条の九、第二十四条の十七、第二十四条の二十八及び第二十四条の三十六の改正規定に限る。）、第二十三条から第二十七条まで、第二十九条から第三十三条まで、第三十四条（社会福祉法第六十二条、第六十五条及び第七十一条の改正規定に限る。）、第三十五条、第三十七条、第三十八条（水道法第四十六条、第四十八条の二、第五十条及び第五十条の二の改正規定を除く。）、第三十九条、第四十三条（職業能力開発促進法第十九条、第二十三条、第二十八条及び第三十条の二の改正規定に限る。）、第五十一条（感染症の予防及び感染症の患者に対する医療に関する法律第六十四条の改正規定に限る。）、第五十四条（障害者自立支援法第八十八条及び第八十九条の改正規定を除く。）、第六十五条（農地法第三条第一項第九号、第四条、第五条及び第五十七条の改正規定を除く。）、第八十七条から第九十二条まで、第九十九条（道路法第二十四条の三及び第四十八条の三の改正規定に限る。）、第百一条（土地区画整理法第七十六条の改正規定に限る。）、第百二条（道路整備特別措置法第十八条から第二十一条まで、第二十七条、第四十九条及び第五十条の改正規定に限る。）、第百三条、第百五条（駐車場法第四条の改正規定を除く。）、第百七条、第百八条、第百十五条（首都圏近郊緑地保全法第十五条及び第十七条の改正規定に限る。）、第百十六条（流通業務市街地の整備に関する法律第三条の二の改正規定を除く。）、第百十八条（近畿圏の保全区域の整備に関する法律第十六条及び第十八条の改正規定に限る。）、第百二十条（都市計画法第六条の二、第七条の二、第八条、第十条の二から第十二条の二まで、第十二条の四、第十二条の五、第十二条の十、第十四条、第二十条、第二十三条、第三十三条及び第五十八条の二の改正規定を除く。）、第百二十一条（都市再開発法第七条の四から第七条の七まで、第六十条から第六十二条まで、第六十六条、第九十八条、第九十九条の八、第百三十九条の三、第百四十一条の二及び第百四十二条の改正規定に限る。）、第百二十五条（公有地の拡大の推進に関する法律第九条の改正規定を除く。）、第百二十八条（都市緑地法第二十条及び第三十九条の改正規定を除く。）、第百三十一条（大都市地域における住宅及び住宅地の供給の促進に関する特別措置法第七条、第二十六条、第六十四条、第六十七条、第百四条及び第百九条の二の改正規定に限る。）、第百四十二条（地方拠点都市地域の整備及び産業業務施設の再配置の促進に関する法律第十八条及び第二十一条から第二十三条までの改正規定に限る。）、第百四十五条、第百四十六条（被災市街地復興特別措置法第五条及び第七条第三項の改正規定を除く。）、第百四十九条（密集市街地における防災街区の整備の促進に関する法律第二十条、第二十一条、第百九十一条、第百九十二条、第百九十七条、第二百三十三条、第二百四十一条、第二百八十三条、第三百十一条及び第三百十八条の改正規定に限る。）、第百五十五条（都市再生特別措置法第五十一条第四項の改正規定に限る。）、第百五十六条（マンションの建替えの円滑化等に関する法律第百二条の改正規定を除

く。）、第百五十七条、第百五十八条（景観法第五十七条の改正規定に限る。）、第百六十条（地域における多様な需要に応じた公的賃貸住宅等の整備等に関する特別措置法第六条第五項の改正規定（「第二項第二号イ」を「第二項第一号イ」に改める部分を除く。）並びに同法第十一条及び第十三条の改正規定に限る。）、第百六十二条（高齢者、障害者等の移動等の円滑化の促進に関する法律第十条、第十二条、第十三条、第三十六条第二項及び第五十六条の改正規定に限る。）、第百六十五条（地域における歴史的風致の維持及び向上に関する法律第二十四条及び第二十九条の改正規定に限る。）、第百六十九条、第百七十一条（廃棄物の処理及び清掃に関する法律第二十一条の改正規定に限る。）、第百七十四条、第百七十八条、第百八十二条（環境基本法第十六条及び第四十条の二の改正規定に限る。）及び第百八十七条（鳥獣の保護及び狩猟の適正化に関する法律第十五条の改正規定、同法第二十八条第九項の改正規定（「第四条第三項」を「第四条第四項」に改める部分を除く。）、同法第二十九条第四項の改正規定（「第四条第三項」を「第四条第四項」に改める部分を除く。）並びに同法第三十四条及び第三十五条の改正規定に限る。）の規定並びに附則第十三条、第十五条から第二十四条まで、第二十五条第一項、第二十六条、第二十七条第一項から第三項まで、第三十条から第三十二条まで、第三十八条、第四十四条、第四十六条第一項及び第四項、第四十七条から第四十九条まで、第五十一条から第五十三条まで、第五十五条、第五十八条、第五十九条、第六十一条から第六十九条まで、第七十一条、第七十二条第一項から第三項まで、第七十四条から第七十六条まで、第七十八条、第八十条第一項及び第三項、第八十三条、第八十七条（地方税法第五百八十七条の二及び附則第十一条の改正規定を除く。）、第八十九条、第九十条、第九十二条（高速自動車国道法第二十五条の改正規定に限る。）、第百一条、第百二条、第百五条から第百七条まで、第百十二条、第百十七条（地域における多様な主体の連携による生物の多様性の保全のための活動の促進等に関する法律（平成二十二年法律第七十二号）第四条第八項の改正規定に限る。）、第百十九条、第百二十一条の二並びに第百二十三条第二項の規定　平成二十四年四月一日

（政令への委任）

第八十二条　この附則に規定するもののほか、この法律の施行に関し必要な経過措置（罰則に関する経過措置を含む。）は、政令で定める。

附　則　（平成二三年一二月一四日法律第一二二号）　抄

（施行期日）

第一条　この法律は、公布の日から起算して二月を超えない範囲内において政令で定める日から施行する。ただし、次の各号に掲げる規定は、当該各号に定める日から施行する。

一　附則第六条、第八条、第九条及び第十三条の規定　公布の日

附　則　（平成二六年六月四日法律第五一号）　抄

（施行期日）

第一条　この法律は、平成二十七年四月一日から施行する。

（処分、申請等に関する経過措置）

第七条　この法律（附則第一条各号に掲げる規定については、当該各規定。以下この条及び次条において同じ。）の施行前にこの法律による改正前のそれぞれの法律の規定によりされた許可等の処分その他の行為（以下この項において「処分等の行為」という。）又はこの法律の施行の際現にこの法律による改正前のそれぞれの法律の規定によりされている許可等の申請その他の行為（以下この項において「申請等の行為」という。）で、この法律の施行の日においてこれらの行為に係る行政事務を行うべき者が異なることとなるものは、附則第二条から前条までの規定又はこの法律による改正後のそれぞれの法律（これに基づく命令を含む。）の経過措置に関する規定に定めるものを除き、この法律の施行の日以後におけるこの法律による改正後のそれぞれの法律の適用については、この法律による改正後のそれぞれの法律の相当規定によりされた処分等の行為又は申請等の行為とみなす。

2　この法律の施行前にこの法律による改正前のそれぞれの法律の規定により国又は地方公共団体の機関に対し報告、届出、提出その他の手続をしなければならない事項で、この法律の施行の日前にその手続がされていないものについては、この法律及びこれに基づく政令に別段の定めがあるもののほか、これを、この法律による改正後のそれぞれの法律の相当規定により国又は地方公共団体の相当の機関に対して報告、届出、提出その他の手続をしなければならない事項についてその手続がされていないものとみなして、この法律による改正後のそれぞれの法律の規定を適用する。

（政令への委任）
第九条　附則第二条から前条までに規定するもののほか、この法律の施行に関し必要な経過措置（罰則に関する経過措置を含む。）は、政令で定める。

附　則　（平成二九年五月三一日法律第四一号）　抄

（施行期日）
第一条　この法律は、平成三十一年四月一日から施行する。ただし、次条及び附則第四十八条の規定は、公布の日から施行する。

（政令への委任）
第四十八条　この附則に規定するもののほか、この法律の施行に関し必要な経過措置は、政令で定める。

附　則　（令和元年六月七日法律第二六号）　抄

（施行期日）
第一条　この法律は、公布の日から施行する。

（政令への委任）
第四条　前二条に規定するもののほか、この法律の施行に関し必要な経過措置（罰則に関する経過措置を含む。）は、政令で定める。

附　則　（令和四年四月一五日法律第二四号）　抄

（施行期日）
第一条　この法律は、令和五年四月一日から施行する。ただし、附則第三条の規定は、公布の日から施行する。

（政令への委任）
第三条　前条に定めるもののほか、この法律の施行に関し必要な経過措置は、政令で定める。

〔**参考資料**〕
  ・「文部科学法令要覧（令和２年版）」ぎょうせい
  ・「生涯学習・社会教育行政必携（令和４年版）」第一法規
  ・「平成 30 年度・令和３年度社会教育調査」文部科学省
  ・「令和３年度　児童生徒の問題行動・不登校等生徒指導上の諸課題に
    関する調査結果の概要」文部科学省
  ・「社会福祉六法（2020 版）」ミネルヴァ書房
  ・「学制百年史」文部省
  ・「学制百二十年史」文部科学省
  ・「教育振興基本計画」（第１期から第３期）
  ・「社会教育審議会・生涯学習審議会・中教育審議会の社会教育関係答
    申等」
  ・「令和３年版　文部科学白書」
  ・「令和３年版　子供・若者白書」
  ・「令和４年版　少子化社会対策白書」内閣府
  ・「令和４年版　高齢社会白書」内閣府

———————— 著者紹介 ————————

髙尾　展明（たかお・ひろあき）

昭和 28 年静岡県静岡市生まれ。

昭和 53 年大学職員を経て文部省（現文部科学省）に勤務。平成 25 年に定年退職までの 38 年間のうち約 18 年間は社会教育行政及び生涯学習推進施策に携わる。

現在は健康維持のため、20 年以上続けた琉球古武道（棒術）の練習を日々の健康体操に変えて、週 1 回の図書館の利用と都内及び近隣地域の社会教育関係施設のフィールドワークにつとめている。

【社会教育関係の経歴】
- 文部省社会教育局　社会教育課（昭和 53 年〜 55 年）
- 文部省社会教育局　青少年教育課（昭和 55 年〜 59 年）
- 文部省生涯学習局　生涯学習振興課（平成 2 年〜 5 年）
- 東京国立博物館　会計課長（平成 5 年〜 7 年）
- 文部省生涯学習局　生涯学習振興課（平成 9 年〜 13 年）
- 文部科学省生涯学習政策局　社会教育官・地域政策調整官（平成 14 年〜 16 年）
- 文化庁文化財部美術学芸課　美術館・歴史博物館室長（平成 16 年〜 18 年）

【その他の主な教育関係の経歴】
- 名古屋工業大学　経理部長（平成 13 年〜 14 年）
- 宮城教育大学　理事・副学長・事務局長（平成 18 年〜 20 年）
- 金沢大学　理事・副学長・事務局長（平成 20 年〜 22 年）

「社会教育」を考える
～今こそ、「社会教育」の再構築を！～

2024 年 1 月 31 日　初版第 1 刷発行

　　著　　髙尾　展明

発 行 者　加藤　勝博
発 行 所　株式会社 ジアース教育新社
　　　　　〒101-0054
　　　　　東京都千代田区神田錦町 1-23 宗保第 2 ビル
　　　　　Ｔ e l：03-5282-7183
　　　　　Ｆ ax：03-5282-7892
　　　　　E-mail：info@kyoikushinsha.co.jp
　　　　　URL：https//www.kyoikushinsha.co.jp/

　　　表紙デザイン・DTP　株式会社 彩流工房　　　　Printed in Japan
　　　印刷・製本　　三美印刷 株式会社
　　　○定価はカバーに表示してあります。
　　　○落丁本・乱丁本はお取替えいたします。
　　　　ISBN978-4-86371-675-9